腦科學專家親授

教你如何直擊問題本質、突破思考盲點
一秒找出最佳解！

最高選擇法

茂木健一郎／著
鍾嘉惠／譯

前言

升學、就業、離職、換工作、結婚、生小孩、搬家、移居……。每個人一生中都會經歷許多像這樣的轉折點，每一次都必須選擇怎麼做比較好。

有些情況單純地用YES或NO就解決了；有些則必須考慮所有細節，具體決定何時、何地要做什麼、怎麼做。有時一個決定就會大大左右往後的人生，因此無論如何都要審慎為之。

連日再三苦惱。整晚沒睡地仔細思索……。

拿起本書翻閱的人，也許有過多次這樣的經驗。似乎也有人是抱著「如果能輕易得出答案，大家就不用這麼辛苦，可以活得更輕鬆……」的想法。

有時候，不是什麼了不起的想法，也沒有經過深思熟慮，只是想到也許可以這麼做就去嘗試，結果竟然就成功了。世界上確實有人全憑「直覺」過生活，儘管被人嘲笑「腦袋完全沒在想什麼」，但常常出乎意料地順遂。這種人有時反而會被人酸說：「真羡慕那傢伙，沒半點煩惱！」

本書的主題是選擇。說到選擇，似乎不少人的印象就是在開頭所舉的人生轉折點上所做的決定，但其實並非如此。人在日常中就一直在做選擇。

比方說，決定午餐要吃什麼也是在做選擇。要吃咖哩、炸豬排，還是拉麵……。每樣看來都很美味，要從中挑選一樣東西是很苦惱的事。午餐時間有限，必須盡快選擇，然而現實中卻有許多人要考慮好幾分鐘才能決定。

順帶提一下，我不禁覺得「咖哩豬排」、「咖哩拉麵」就是為了這類無法選定一樣的人所想出的菜單。因為這樣就能同時品嘗到兩種想吃的餐點，設計它的人應該是覺得「如果是咖哩豬排就能兩種都吃到，客人肯定會很開心」，於是真的去做了。

這類「混合式」餐點的出現，絕對是基於客人會喜歡的「利他精神」。

一直在猶豫的話，時間會不夠用

先不談午餐菜單，工作和人生中遇到要選擇時，由於伴隨著責任，必然會承受壓力。有時自己明明有想做的案子，但上司另有其他計畫。若試圖貫徹自己的想法，有可能因為上司強烈反對而導致關係緊繃。因而產生「揣摩上意是不是比較好？」的掙扎。

這麼一來便更難抉擇，也許只能提出像「咖哩豬排」那樣的折衷方案，上司雖然不情願也只好勉強同意。不過並不保證這樣就會順利，況且這跟咖哩豬排不同，有多少人會喜歡完全是未知數。

更何況那方案原本就不是你想要的。萬一進行得不順利，還可能毫無道理的被指責為：「都是你的提議才會失敗！」

而且**要做的選擇多得是，不是只有一、兩件而已**。每個人一天的工作中都要做無數的選擇，如果每個選擇都要猶豫煩惱半天，時間會不夠用。

因不會選擇而使工作延宕，情況只會變得更糟。選擇果然很難……。

許多人會這樣想，說不定你也是其中一個。本書就是為了這樣的你而寫的。

任何人都能掌握的技能

先說結論，選擇並不是件困難的事。任何人都能輕易做出選擇。

選擇是一種技能。掌握必要元素，按照程序進行，就能在任何情況下做出選擇。本書會根據大腦科學的發現，為各位介紹掌握選擇這項技能的方法。

也許有人會覺得「好像很難」，但那只是一開始。習慣了就能很快地做出選擇。

至少我可以肯定地說，選擇「閱讀（購買）本書」的你用不著擔心。你是有能力做出好選擇的人。只要繼續閱讀本書，就能做出更好的選擇。
玩笑就此打住，讓我們趕緊開始吧！歡迎來到選擇的世界！

選擇的金字塔

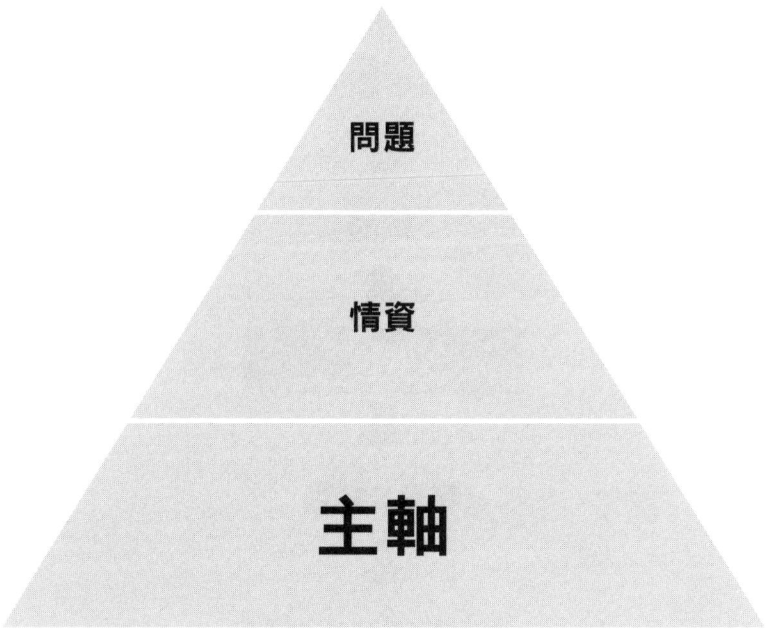

能獲致結果的選擇過程

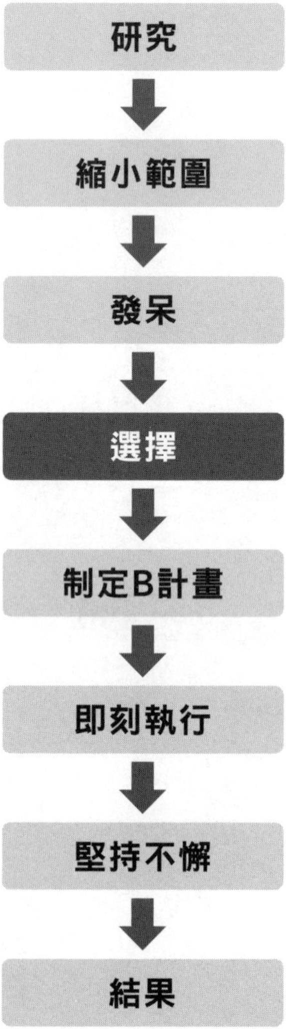
研究
縮小範圍
發呆
選擇
制定B計畫
即刻執行
堅持不懈
結果

第1章 一秒就得出答案！

第2章

做出勝過AI的選擇！

第3章

提高選擇品質的兩種手法

第4章 獲得最佳結果的六道程序

第5章 使大腦會做選擇的七項訓練

第6章 幫助組織獲得成果的決策法

編輯協力●岩崎英彥
設　計●大谷昌稔（大谷設計事務所）
ＤＴＰ●キャップス
校　正●鷗来堂

第 1 章

一秒就得出答案！

1 日本現正發生的嚴重分裂

二十一世紀的世界，正在發生嚴重的分裂。顯而易見的有：「美國VS.中國」、「川普VS.反川普」、「歐盟VS.脫歐」、「財政擴張VS.財政緊縮」、「全球化VS.在地化」等等。特點是多半屬於政治性議題和路線上的分歧，這樣的現象散見於世界的各個角落。

任何時代都存在類似的分裂，因而引起不必要的對立，導致悲慘結局的不知凡幾。這就是人類的歷史，要克服這種現象確實不容易。它考驗著所有居住在地球上的人**能否努力消弭這樣的分裂，打造一個即便彼此想法不同，也可以合作的世界。**

日本當然也有差不多的狀況。接下來我就要談這正在悄悄發生的分裂。先聲明，它並非政治性議題和路線的問題。

奇怪的是，只有在日本看得到這種分裂。**日本正在發生的是「會選擇」和「不會選擇」的分裂。**

我這麼說也許有人會愣住，覺得「這太誇張了……」。應該也有人會嗤之以鼻：「哪有這種分裂，沒聽過！」

真是如此嗎？當然，如眾所周知，並沒有為了選擇而引起國會一分為二的對立，也沒有發生要求「選擇」或「不選擇」的示威抗議。

儘管看不到明顯與選擇有關的對立，不過事實上它正靜靜地潛伏在深處，只要注意看，就會發現它以「會做選擇的人和組織」和「不會做選擇的人和組織」的顯著差異表現出來。

會做選擇的人和組織不僅行動快速，而且會順應變化，在通貨緊縮經濟不景氣，或是新冠肺炎肆虐下，業績依舊斐然。其代表就是軟體銀行。

領導人孫正義就是個能夠迅速做選擇，覺得「好」的事便當機立斷的人。或許正因為有這樣的領導人，即便業績惡化也能迅速地V型反轉。

選擇差距正要發生

不會做選擇的人和組織不勝枚舉，若要舉眾人皆知的例子，就是各級政府。看他們處理新冠肺炎疫情時始終處於慢半拍的狀況，不禁對他們的「不會做選擇」感到驚訝。

不論任何組織，當中每一名組成分子也許都非常優秀。肯定是充滿幹勁並兼具能力。並且擁有「要對社會有用」、「讓日本變得更好」的使命感，對自己從事這樣的工作感到有意義。

然而不知為什麼，**這些有能力又有幹勁的人，在組織這樣的群體裡卻愈來愈無法發揮其力量**。害怕批評，不願挑戰新的和困難的事物，因循前例……。他們似乎甚至認為這是組織成員應有的樣子。此態度正是導致所屬組織，乃至整個日本社會不會做選擇的主要因素。

不用說，不做選擇當然無法挑戰，作為一個組織或作為一個人也不會有成長。因不會做選擇而陷入一種名為「維持現狀」僵局的組織不計其數。我只能祈禱你不隸屬於那樣的組織。

正如「格差社會」等詞彙的廣為傳布，日本國內兩極化和分化的情況已日趨嚴重。把今後即將發生，不，事實上現在已經發生的現象稱作「選擇差距」，感覺並不誇張。**會選擇的人和組織日益發展，不會選擇的人和組織漸漸衰微**……。不管你喜不喜歡，當今日本正要發生因選擇／不選擇所導致的新分裂……實際上，這樣的狀況已然發生。

2 世界上只有兩種人

世界的價值觀隨著全球化和ＩＴ化的進展日益多樣化。不同的思維和文化百花齊放，只要使用智慧型手機，無論在世界的任何角落，都能接觸到各種各樣的資訊。

生活在地球上的所有人，現在可以跨越國籍、性別、年齡和宗教的隔閡自由遷徙，根植於各個地區的文化也受到全球化的影響，同時繼續保持其獨特性。**我們就是活在一個如此有趣，也可說是文藝復興再起的時代。**

價值觀和文化皆多樣化，但另一方面，地球上的人又可以分成兩類。這一點，日本人也不例外。

「會選擇的人」和「不會選擇的人」。

地球上約七十八億的人，皆屬於其中的任何一種。而且古今東西全部適用這樣的分類。很遺憾，我猜絕大多數的日本人恐怕都屬於後者。

不會選擇的人遇到的障礙

從同類相吸法則來看，同類型的人就是會聚在一起。可以說，會選擇的人周遭會聚集一群同類型的人；不會選擇的人身邊則全是與他相似的人。

今後時代的變化將愈來愈快速，不順應的話會漸漸跟不上或被淘汰。這絕不是好事，**因此我們必須引導自己盡可能更快地做出選擇**。相信你也清楚認識到這一點。

儘管如此仍舊不會選擇……。因為當中存在你不知道的障礙。讓我們先探究無法做選擇的原因，再循著解除障礙的途徑前進！

3 不會選擇的你是個非常好的人

不會做選擇，便無法順應改變進而遭到淘汰……。也許有人因為這樣的描述就認為我把不會做選擇說得好像是件非常糟糕的事，不過這是誤會。

不會選擇固然不好，但這不表示我在責怪不會做選擇的人。這是我想強調的一點。

不會做選擇的人其實是非常好的人。我一直這麼認為。不如說，就是因為人太好才無法做選擇。

「你為什麼一直拖拖拉拉？」

「還沒決定好嗎？」

「你要猶豫到什麼時候！」

不會做選擇的人在過往的人生中肯定多次被人這樣質問。受到來自父母、兄弟姊妹、學校老師、朋友、熟人，出社會後則是上司、同事、客戶的冰冷目光多到數不清。

關於這一點，我真的不禁感到同情。

相信你也不是自願成為一個不會做選擇的人。一定也多次想改變自己，「成為會做選擇的人」。然而脫胎換骨不成，依舊常常猶豫不決。

我絲毫無意責備或嚴厲聲討這樣的你。**甚至想安慰你：「不會做選擇，你心裡一定很不好受」。**

再說一次，因為是好人才無法做選擇……。這就是許多人，包含你在內的實際狀態。

為慎重起見，希望各位不要誤會，我這麼說的意思，並不代表會做選擇的人就是「壞人」。

不會做選擇的人是「好人」。我猜想，你會不會是因為一直考慮著這些事才變得無法做選擇呢？比如說：

我這種人可以選擇嗎？

其實我比較喜歡別的，但暫且將就一下。

已經確定的事，現在抱怨也無濟於事。

就我一個人堅持，我不想被人覺得我任性。

仔細思考太久會給其他人添麻煩。

他一直這麼說，所以照他的說比較好……。

想選擇卻不能選擇，也許就是因為心裡總是在考慮這些事。明明自己心裡已有「想要這樣、那樣做」的計畫或想法，卻擔心說出來會造成旁人困擾或被人討厭，因而猶豫「放棄是不是比較好？」。**扼殺自己，優先考慮周圍的人……。**這樣做還被人說成「拖拖拉拉」，所以是雪上加霜。

不過，之所以看似「拖拖拉拉」，是因為你在收回自己的期望去迎合旁人上費了不少時間。而旁人卻沒有察覺到你內心在拉扯，簡直可說有點太過遲鈍。看看下一頁的檢核表，即可清楚知道你是否具備選擇力。

無法做選擇的人是令人遺憾的人

拖拖拉拉無法做選擇，是因為你「人太好」。同時也是體現日本人「以和為貴」、「重視合群」這種特性的人。

這麼說好像很冷漠，不過**只要你一直遵從日本人這樣的特性，恐怕就不可能成為會做選擇的人**。對你來說，要你不重視和諧、合群是很痛苦的選擇。那等於是改變你的人生觀，所以一定會心生抗拒。沒有必要停止做「好人」。可如果能成為一個會做選擇的好人，不是很好嗎？

若問：繼續當個「無法做選擇的好人」又會如何？那就會像上述那樣，被變化拋在後頭。很可能使自己蒙受損害，一生困頓。

「無法做選擇的好人」其實就是令人遺憾的人。那是過去的你，也是今後的你。至於為什麼令人遺憾呢？下個小節會告訴各位原因。

選擇力檢核表

- □ 會詢問店家推薦什麼
- □ 跟別人點一樣的餐點
- □ 會要求「帶回去研究」
- □ 有理由才會行動
- □ 做事會定計畫、堅持照計畫走
- □ 在意屬性（隸屬單位、頭銜）
- □ 重視權威賦予的保證（資格或〇〇檢定）
- □ 倚賴算命
- □ 常常一開始就否定一件事，不願嘗試
- □ 過度謹小慎微

☑打勾愈多，表示選擇力不足的傾向愈明顯

4 你不想選擇的理由①太費事

也許你之所以無法做選擇，只是因為「不想選擇」。因為不想選擇，於是漸漸不會選擇……。可能可以在身為好人的你身上看到這樣的傾向。

至於為什麼不想選擇呢？理由大致有三個。無法做選擇的人應該會符合其中任一項的描述，或是三者都符合。我們一個一個來看。

第一個理由是太費事。幾乎所有不會選擇的人可能都符合這一項。

選擇真的是麻煩透頂……。我本人對這點也感同身受。比如穿衣服。考慮穿什麼衣服出乎意料地傷腦筋，且無比麻煩。

每天衣服的穿搭著實累人。忙碌的早晨還要考慮、煩惱穿什麼、怎麼搭配很痛苦。要在沒時間的情況下做決定真是不簡單，我要向每天這麼做的人表示敬意。

我自己也覺得每天要思考、決定如何穿搭太費事，所以總是一身同樣的裝扮。常見到我的人應該都知道，就是上身一件短外套加T恤（夏天短袖，冬天長袖），下身棉質長褲。

除了我以外，史蒂夫．賈伯斯也總是一身同樣的裝束。**比起決定穿什麼，還有很多事是我們更想花時間和精力去做的**，所以才會一直做同樣的打扮。

連決定穿著都嫌麻煩了，其他可想而知。如決定送什麼禮物給部門裡的同事；決定在哪家店招待客戶；考慮要怎樣向上司報告失誤；考慮要如何為新事業打通關；思考要用什麼藉口向家人解釋自己私下砸大錢在嗜好上等等。

一天要做三萬五千個選擇

總之，我們要想的事情很多，每一樣都要做決定真的很費事。要是有人可以幫我做決定就好了……。這應該是許多人的真心話吧。

相信每個人都有這樣的經驗：部下或後輩找你商量「這個應該怎麼處理」，你回他「隨便處理一下」。據說人一天要做三萬五千個選擇，所以覺得麻煩是人之常情。很想全部扔給別人去做的心情我也能體會。

所謂的選擇就是如此煩人。不論任何時代，這都是不變的真理之一。

覺得麻煩極了，於是逃避……。不只是你，許多人都落入此現象中。

順帶一提，覺得選擇「很麻煩」不是緣於個性。其背後存在更深層的因素，這與下一小節的內容大有關係。

5 你不想選擇的理由②要負責任

除了「太費事」，還有其他不想做選擇的理由。我要舉的第一個理由是要負責任。許多無法做選擇的人是害怕被追究責任。**不願負責任所以不想做選擇**。如果可以，希望讓其他人替自己決定……。很多人都抱持這種想法。說百分之九十九的日本人都屬於這一類應該不為過。

有選擇的地方就有責任，有責任的地方就有選擇，兩者存在若即若離的關係。這不僅限於在位者，對那些沒有任何職位、資歷尚淺的人同樣適用。

責任可以粗略分成三大塊。就是「說明的責任」、「執行的責任」、以及「結果的責任」。

所謂說明的責任是指，必須有條不紊地說明今後的行動或已完成的行動之目的和意圖，好讓相關人士能夠理解。事前、事後以及過程中都需要說明。

執行的責任是自己說過的話或別人交付的任務要切實付諸行動。不能光說不練或只做一半，一定要切實執行。

結果的責任是要確實取得成果。這是三者中最困難，並且最會被嚴厲追究的部分。

一般所說的責任就是這三者，可是常常被人混淆，或混在一塊來看，這也是「負／不負」責任會引起糾紛的原因所在。

誰也無法逃避責任

即使未能取得成果，但只要好好履行說明責任，便有可能獲得上司的諒解，或反而受到鼓勵「下次再加油」。這種情況就不會被追究結果的責任。

拚命努力過了但不見成果時，當事人自認盡到執行的責任，卻仍然可能遭到上司批評：「你為什麼做不到！」儘管盡到執行的責任，但並未履行對結果的責任是事實。這種情況若能與上司就自己該負多少責任進行核對，我敢說便不會被追究。

做了某個選擇時便要對它負責，這在任何圈子都是天經地義的事。原本就無可避免，所以不能逃避。

誰也不想被追究責任。但是，一直逃避的話將無法成長，一輩子只能聽命行事。做選擇時就要承擔責任，這是沒辦法的事。

不過，如果能先弄清楚會產生哪些責任？要負什麼責任？心理上一定會輕鬆許多。不必要的恐懼也會消失。

6 你不想選擇的理由③有風險

做了選擇也並非百分之百就會順利。會不會順利，事前完全無法預料……。選擇就是有這樣的「不確定性」。關於不確定性，我會在下一章為各位詳細解說。任何選擇都存在「風險」。即便不順利的可能性很低，但只要有可能就會擔心「沒問題吧？」、心裡忐忑不安。實際上，**日本人十有八九都對風險過於敏感，總是猶豫著要不要做選擇**。

有風險固然是不想做選擇的一大理由，但本來就不可能完全沒有風險。許多人因為有風險而有如摸著石頭過河一般謹小慎微，可這不是明智的做法。

直至二十世紀「摸著石頭過河」確實管用。變化速度較今日緩慢的二十世紀，就算再三思慮、謹慎行動，之後仍然可能追趕上來。那是個看過許多人這樣做並獲得成功，於是能放心跟隨的悠閒時代。

晚出發的人如果猛烈加速，甚至有可能後來居上。高度成長時代的日本及日本人就是如此。

但在變化劇烈的二十一世紀，沒有時間讓你摸著石頭過河。在你小心確認每一步的過程中，只會被三步併兩步過河的人拉大差距。而小心又小心地總算過了河時，早已看不見前面的人的背影，不知所措……。這就是今日的日本及日本人。

任何事都存在風險。將它納入考慮再做選擇。這是在變化迅速的時代中存活的唯一方法。

因擔心和不安而拖延選擇，這不是避險，而是放棄思考。根本不敢冒險。

讓別人替自己選擇風險相當高

日本人儘管不能忍受有風險存在，不過也只能適應它。為此，無論如何就是要做決定。如果不順利，修正軌道就行了。不需要害怕。

因為有風險就一直不做選擇，便等於會被變化淘汰。

假使有人認為「讓別人替自己選擇就好，不要自己做選擇」，那更是高風險。這人做的選擇是否會順利，怎麼說都是未知數。萬一他選擇錯誤，結果就是一起倒下或跟著陪葬。

不論如何，風險就是無法完全去除。任何人都必須在明知有風險的情況下，好好做選擇。

7 自己動腦思考、做決定

我舉了三個不想做選擇的理由：「太費事」、「要負責任」、「有風險」。你不想做選擇的理由是這其中之一嗎？或者是以上皆非？

若說以前不做選擇也「總有辦法解決」，的確是如此。幸運的是，即使不做選擇，多數人可說並沒有遇到什麼困擾。

今後可不一樣。所有人都要面對變化日益劇烈的嚴重問題。就算想請別人替自己選擇也來不及……。相信這樣的場面將不斷發生。

似乎也有人認為，最好讓兼具實力以及實際成績的領導者做選擇，自己只要服從就好……。然而正如前一小節提到的，這麼做的風險實在太高。而且也太輕鬆了。

即便領導者做出很好的選擇，也需要一些時間才能落實到基層。在瞬息萬變的時代沒有這種時間，還不如第一線人員各自動腦思考、判斷，才能做出就結果看來好的選擇

（關於群體決策的部分，第六章會詳述）。

不管喜不喜歡，**選擇是每個人在自由意志下所做的決定。自己思考過後決定「就這麼做」並付諸執行，將會提高選擇的準確度。大原則就是自己動腦思考後再決定。**這是每個生活在未來時代的人都適用且必須做到的事。

回顧過往的人生，我第一次依自由意志做的選擇，就是小學一年級時去「打工包裝豆芽菜」。當時我很想要一個玩具，年幼的心裡不斷想著要賺錢買那樣玩具，便請母親跟附近的蔬果店商量，讓我在店裡打工。

日薪一百圓，我做了一個星期，所以拿到七百圓。我不記得用那筆錢買了什麼，但就我印象所及，那是我人生中做過的第一個選擇。

我的工作就只是將豆芽菜裝袋。小學生也做得到。我在蔬果店門口作業時，因為很少見，婆婆媽媽們會跟我說：

「哎唷，小弟弟，你在幫忙啊，了不起耶！」

「哎呀，這麼小的小孩在做事啊？」

像這樣聚攏過來的婆婆媽媽們不僅買豆芽菜，還買了其他蔬菜，所以在老闆看來應該是個「開心的失算」。那次打工我只做了一個星期，店家的人都覺得滿遺憾的，看來吸客效果似乎不錯。現在想來，臨時工的薪資如果能採佣金制或許也不錯。

別把自己的人生完全交在他人手中

自己做決定會伴隨著責任。除此之外，還可獲得自由和創造力來開創自己的人生。

萬一真有人囉哩囉嗦地追究你做出的選擇，代表這組織已過氣。趕緊對它死了心才是明智之舉。

「上司的命令不是非得服從嗎？」

「拒絕上司的要求就得辭職，不是嗎？」

也許有些人會有這樣的疑問。可能也有人會感到不安。

我反倒想問這些人：「真的是這樣嗎？」**個人原本就不是組織的附屬品。再怎麼說都是先有個人才有組織。**

即便只要屬於組織的一員就有當盡的義務，但只要能履行義務就好，個人應該可以自行判斷要怎麼做，如果連這點自由和容許度都沒有，那麼組織將無法因應時代變化的速度（下一章會談到其典型案例）。

若是以「上司的命令」為由唯唯諾諾地遵從，自己不做任何選擇的話，難得只有一次的人生很可能就會被別人決定。這意味著你將自己的人生完全交在他人手中。

選擇是讓自己的人生不受拘束的通行證。唯有拿到這通行證的人能夠度過不知會發生什麼狀況、充滿刺激的一生。即便偶有不順遂，調整軌道就行了。這同樣也是一個選擇。

8 活在「當下」

人生就是連續不斷的選擇。沒有人與選擇無關。從這個角度來說，**每個人都是選擇高手，或者說是選擇的專家**。

前面已談過許多，但所謂的選擇究竟是什麼？概略地說，就是決定做或不做某一件事，或是在多個選項中做取捨。

若以腦科學的說法就是：**根據腦中蓄積的大量知識、訊息推導出最適合當時情況的結論**。也就是說，由大腦推導出答案——「我喜歡這個」、「這麼做比較好」、「這樣比較好」。

——就是選擇。人每天都要做許多選擇，多到連自己都沒有意識到。

在此，我為本書中的選擇下一個這樣的定義，就是「活在『當下』」。

做選擇就是在當下這個瞬間，短短一剎那就完成。

要去哪裡工作？或是現在要換工作嗎？還是過一陣子再說？即使多少要花些時間才能做出決定，但「決定」的過程本身，其性質上原本就不持久，**只需一秒就能完成**。

在做出選擇的當下，並不會知道那選擇會帶來好的結果還是不好的結果。有時要經過數週、數個月，或是數年、數十年後才會看到結果。

對做出如參加考試、運動大賽這類選擇的你來說，看到結果是數週或數個月後的事。臨到前一天或一週前才說要「報考」、「出賽」然後正式上場，基本上不會有好的結果。畢竟，若沒有付出一定的努力和行動，正式上場很難取得成果。徹底準備好的人才能通過考試、在大賽中留下佳績，這是當然的。

選擇之後不會立刻看到結果……。這確實不利於選擇，但正因如此，在當下這一瞬間做選擇便更加可貴。

在當下這一瞬間做選擇。確認結果，同時在下一秒繼續做選擇。如此一再反覆。

直到臨終那一秒

所謂的人生就是一連串的選擇，對任何人來說都是如此。要不斷在當下這一瞬間做選擇，直到生命的最後一秒。每次選擇都會實際感受到「此刻我正活著」，這麼說並不誇張。

這意味著，如果不做選擇，將無法真切感受到自己「活著」。這與毫無長進無異。不做選擇雖然換來不會失敗，但長遠來看，因為一直沒有成長，即使各方面都沒有改變，但整體看來可以說是失敗的。

選擇就是「活在『當下』」。人如果能這樣活著，必然會不斷成長，度過充實的一生。並能將人生帶往自己想要的方向。愈常做選擇，人生將愈充實。

9 選擇不過是個假設

所謂選擇就是活在當下。因此可以說它很重要，但另一方面也能可以說：所謂的選擇，不過是個假設。

選擇意指暫定的答案。充其量就是在那當時感覺「最好」的答案，所以只是假設。一旦情況改變，尤其是像現代這樣變化劇烈的年代，一直把它當寶看待的話，並非沒有可能成為致命傷。

我們一天要做無數次的選擇，所以一個選擇就只是那無數次中之一。如此看待它，是不是就會比以前容易選擇得多呢？

所謂的選擇就是假設。我尤其想對害怕做選擇的日本人強調這一點。至於會有怎樣的轉變，我可以指出以下兩點。

首先，**你不會再去尋找正確答案**。世界上根本不存在正確答案之類的東西，然而，日本卻有許多「正確答案的信徒」，相信它「一定存在」，拚了命地想要快點找到它。

二十世紀確實存在像是正確答案的東西。在經濟高度成長的年代，「美國先生」說的話是絕對真理，遵照美國人的指導去做便一帆風順是事實。直到東西冷戰結束……。

多數人尋求的所謂正確答案，即如成功體驗、常識之類的。這些教科書式的答案都是過去的遺物，已不切合瞬息萬變的時代。

正確答案原本就不存在，在變化快速的二十一世紀，這傾向益發顯著，試圖尋找它是沒有意義的。如果要這麼做，不如自己建立假設並付諸執行還更快，而且能跟得上變化並順應它。

朝令晝改、朝令晨改也無妨

其次是不再害怕朝令夕改。當你發覺做了選擇仍然不順利時，便不得不修正軌道。這時需要抉擇是維持現狀繼續下去，還是就此放棄或改採其他方法。

狀況時時刻刻在變，因此如果認為「照這樣下去不會有好結果」，最好趕緊修正軌道。這樣才能使損害降至最低，並有可能復甦。

一般說到朝令夕改通常是貶義，但這只限於變化速度徐緩的年代。它會被認為「搖擺不定」、「缺乏理念」，因此給人不好的印象，不過**在變化迅速的時代，即使朝令夕改都太慢了**。不如說，幾乎連朝令晝改、朝令晨改都沒問題。

而人們為何不希望朝令夕改呢？因為有沉沒成本。所謂沉沒成本指的是無法回收的時間和金錢。

如果做選擇之前投入相當的金錢和時間，往往就會因捨不得那些已付出的時間、精力而變得固執。拘泥於過去的決定並無法回收已付出的成本，可是如果朝令夕改，順利復甦後說不定還可扳回一城。朝令夕改其實出乎意外地合理。

10 憑直覺和閃現的念頭做決定也行

被問到速斷速決和深思熟慮「哪一個比較值得信任？」時，大部分的人可能都會回答後者。

而說到速斷速決，確實多半的人都認為那是一時的念頭。帶有未經仔細思索就隨便給個結論的印象。

另一方面的深思熟慮，應該會給人花費一定的時間研究調查、比較考慮，最後才得出結論的印象吧？畢竟考慮再三了，感覺準確度較高。

其實就結論來看，兩者幾無二致。準確度也大同小異。我這麼說，相信許多人都覺得很意外。

再次重申，速斷速決和深思熟慮的差別，僅在於思考的時間，最後決定的過程並沒有太大的不同。一個很好的例子就是將棋。

將棋八段棋士藤井聰太擅長下快棋。下快棋時會有時間限制，如一步棋都要在「一分鐘以內」下完之類的，必須嚴格遵守。由於僅能用短短數十秒的時間想下一步，因此思考時要相當快速。另一方面，若是一般的將棋，有的人可能下一步就要想五個小時。

如果比較兩者腦內的思考迴路，其實並沒有太大的差異。快棋基本上，可以說是一種直觀的東西，就是一步接一步，照著下意識閃現的念頭出招的感覺。事實上長時間思索也是如此。腦中忽然想到一步棋，而最後出手的，多半就是最初靈光乍現的那一步棋。

明明已想到怎麼下了，為何要考慮這麼久呢？因為要驗證。由於是職業棋士，除了靈光乍現的之外還會想出許多走法，其數量幾近無限。所以會從中篩選出數個威力強大的再逐一驗證。

「這個不行」、「這招也不行」、「這樣走不好」、「這一步感覺不太對」、「這步也不對」、「看來還是要這樣下」……。

像這樣在意識層面一一檢驗想出來的棋招，最後鎖定一個。而鎖定的，就是腦中最初閃現的那一步棋。長考的時間多半是用在驗證作業上，下快棋時，只是因為沒有時間驗證，才會不斷照著乍現的靈感下棋。由於藤井八段不論下快棋或是一般的對弈，都有相當高的勝率，因此這意味著大部分的時候，速斷速決和深思熟慮的結論其實是一樣的。

潛意識思考是從無到有的創造

有意識的長考是深思熟慮；潛意識的速斷速決是一種直覺或靈感。兩者各擅勝場。為了推導出好的結論，必須分清楚兩者擅長的領域。

有意識的思考適合用於邏輯性的事物。**意識擅長的是根據邏輯建構的事物，如策略或目標的設定、機制或結構等。**

在眾多之中逐一比較、研究也是意識擅長的領域。

另一方面，潛意識思考適合用於選擇、提點子或提出願景等。它以從無到有的創造見長。

改變世界的世紀發明和發現大多來自潛意識，而非有意識地思考出來的。

有一些擅長有意識思考的人會小看直覺和靈感，不過他們忘了，**潛意識裡藏有無數以往至今的人生中逐漸蓄積而成的知識訊息。**隱約覺得「應該就是它吧？」這種自己的最佳解，會在某個因素牽引下忽然從潛意識中浮出水面。

意識和潛意識的不同

意識	●根據邏輯思考 ●常常陷入長考、沉思 ●擅長領域如策略制定、目標設定、比較研究等
潛意識	●產生靈感和直覺 ●擅長領域如提點子、做決斷等 ●能夠從無到有創造出事物

這樣的結論大致上不會錯，付諸執行一定會有好的結果。

一連數小時坐在椅子上痛苦摸索解決方案卻無法抉擇，就是因為一直試圖用意識思考。

用意識思考往往會著重在條件方面的比較，因此很耗費時間，一旦長考變成沉沒成本，使改變愈來愈困難，那就本末倒置了。

要引發直覺和靈感該怎麼做呢？就是在選擇時納入某個程序。關於這部分，我會在第四章慢慢為各位說明。

本章主要談的是與選擇有關且不為人知的主題。下一章會替各位開始說明，想要成為一個「會做選擇的人」，應當具備什麼條件。

本章小結

- 不做選擇的人是好人，同時也是令人遺憾之人。
- 多數人不會做選擇有三個理由。①太費事；②要負責任；③有風險。
- 選擇時的大原則是，自己動腦思考、做決定。
- 選擇無非就是活在「當下」。
- 所謂的選擇，就只是一個假設。因此不必試圖尋找正確答案，朝令夕改亦無妨。
- 決定要做、不做一件事是潛意識擅長的領域。選擇後的擬定策略、設定目標是意識擅長的領域。

第 2 章

做出勝過AI的選擇！

1 人類能得出比AI更好的答案

前一章我從各種角度探討選擇是什麼。各位或許會將它套用在自己身上、感到意外、懷疑「真是如此嗎？」。

不管喜不喜歡都得做選擇，所有人都一樣。這樣的場面無可避免地會愈來愈多。只要你把選擇權交在別人手中，就無法將人生帶往自己想要的方向。至少，那樣行得通的幸福年代早已逝去。

那麼，現在大家應該都理解自己動腦思考做決定的意義和重要性了。稍後就要進入方法論的部分，不過有件事我想先談一下。那就是關於ＡＩ（人工智慧）。

我在演講上有時也會談到ＡＩ，經常有人會問我這樣的問題：

「人類和ＡＩ哪一個能夠快速又正確地做出選擇？」

被人這樣問，我的回答都很簡單明快。當然是ＡＩ。

聽到我如此回答，包括提問者在內，幾乎所有人都會失望地說：「果然……」。不論情勢如何演變，**人類都無法做出比AI更快更正確的選擇**。正如我們從將棋或西洋棋的冠軍與AI對戰也贏不了的事實也能明白，這件事的勝負已定。

我雖然這樣說，**但不表示我認為「AI比較厲害」**。人類只是稍微散漫了一點。

工作、學習、運動，不論做什麼，人類只要稍微努力一下就隨便找個理由休息，如「注意力用盡」、「累了」、「肚子餓了」等。即使幹勁恢復後重新開始，幾個小時過去，這下又會找「睏了」、「明天要早起」等看似合理的藉口停下來，這是司空見慣的事。為了慎重起見，先聲明，我不是在說你。

會重蹈覆轍的是人類；遲遲沒有進步的也是人類。我並不是要說這樣「不好」，而是人類就是無法不休息地一直做下去。

反觀AI又如何呢？AI既不會注意力用盡，也不會覺得累和肚子餓。沒有半句牢騷和怨言，淡漠地一直做下去。無需休息和睡眠。

一旦出錯時，可以立刻給予回饋謀求改善的是AI；**成長速度遠比人類要快的也是AI**。

這樣一比較，兩者的差異昭然若揭。假使人類和AI一起做選擇，速度遙遙領先且正確的肯定是後者。這樣的情勢基本上今後也不會有機會翻轉。

繼續談下去，恐怕有人會貿然認定「那也不必做什麼選擇了，都讓AI去做吧」，所以接下來我也要給各位一些希望。那就是，**人類能做出比AI更好的選擇**。我這樣說，各位是不是會覺得「矛盾」呢？

AI的知識確實比人類豐富。然而，能不能做出好的選擇是另一回事。若問AI能否根據對象應對、做對方期望的事？那就非常令人擔心了。

現在AI對上人類的將棋（西洋棋）冠軍已是大勝。但如果是和五歲的小孩比會如何？當然大勝，搞不好還會秒殺。

這就是AI的極限。不管對象是誰只能以同樣的方式應對，做出人類絕對不會做的事，這就是AI。

AI存在弱點

如果是人類，比方說父母和小孩比將棋時，可能會選擇「故意輸」。基於「不想讓孩子難過」、「讓孩子失去興致會很麻煩」、「希望增加孩子的自信」這一類考量而不會認真下。這就是人類所做的好的選擇。

ＡＩ完全沒有這一類考量，也不會在乎五歲小孩難過、失去興致，確實可以做出快又正確的選擇。

ＡＩ能做的就是這樣。它沒有細膩的情感和惻隱之心，做不出植基於價值觀和信念的「好的選擇」。

這正是ＡＩ的弱點。假使你認為「還不如讓ＡＩ做選擇」並真的這麼做，應該會得到快速又正確的選擇。

不過，那絕對是枯燥無味，不含人性的幽微，也無法有任何情感投射的選擇。你可以將自己託付給這樣的選擇嗎？

稍微慢一點，或者有些錯誤也沒關係。帶有人性的幽微，並能產生情感投射的選擇會比較好——。

唯有人類可以做出這種好的選擇。其根底有著價值觀和信念，說得更具體就是「取悅他人」的願望。這是ＡＩ所沒有，也是人類在做選擇上不可或缺的東西。

2 伊隆・馬斯克的選擇軸

從現在起我要告訴各位做選擇時必備的種種要件。我分成各式各樣的主題來談，首先要談的是每個人實際做選擇前最好一定要有的東西。有三樣，我從最重要的開始談起。

第一個就是「主軸」。根據主軸來決定「做／不做」或是「A或B」。如果有主軸，就能順利做出抉擇。

會做選擇的人，內在都擁有堅定的主軸作為判斷基準。不會做選擇的人，則是內在沒有明確主軸的人。這麼說雖然武斷，但並沒有錯。

可以想到的主軸，形形色色。多數人採用的主軸有「有賺頭／沒賺頭」、「得／失」、「做得到／做不到」、「擅長／不擅長」、「簡單／困難」、「已知／未知」等。好像多半是將相反的兩個概念放在一起，以二選一的形式決定要選哪一個。

這種情況只需在兩者中任選一個，至少選起來很輕鬆。然而事實上，種種緣由錯綜複雜「無法鎖定其中一個」的惱人情況占多數，所以才會大量製造出不會做選擇、不想做選擇的人。

如果決定不了，就不能算是好的主軸。那麼其他還有哪些主軸呢？首先讓我們來看一位企業家的主軸吧！

伊隆・馬斯克創立了開發電動車的「特斯拉」和製造開發火箭的「SpaceX」。他所踐行的主軸有點不太一樣。

那就是「Clever／Foolish Matrix」。**馬斯克在開啟新的業務時都會對照此「Clever／Foolish」的主軸，再決定「做或不做」**。

直接翻譯的話，Clever意指聰明的，Foolish意指愚蠢的。我們應該可以這樣理解馬斯克的選擇軸：聰明的代表值得挑戰，愚蠢的代表沒有挑戰的價值。

將自己看來聰明或愚蠢設為橫軸，在別人看來聰明或愚蠢設為縱軸，矩陣便完成。矩陣中會出現以下四個區域。

①自己看來覺得聰明，別人看來覺得愚蠢。
②自己看來覺得聰明，別人看來也覺得聰明。

③自己看來覺得愚蠢，別人看來也覺得愚蠢。
④自己看來覺得愚蠢，別人看來覺得聰明。

這四個區域中，馬斯克重視的是①。**在別人眼中看似愚蠢，但自己看來感覺很聰明的事物，就應該當作事業全心投入，這便是他的思維。**

順便說一下，假使別人都覺得愚蠢，只有自己認為很聰明，那麼事業成功的機率就會變高。為什麼呢？因為沒有人想做。

以「藍海」為目標

人不會去做自己覺得愚蠢的事。如果多數人都這麼認為，更是如此。雖然這麼說，但對於你要做的事，別人怎麼想本來就不重要。

想做的話就去做，就算別人認為那件事「很蠢」，也不構成你不去做的理由。假使你因為「很多人覺得『愚蠢』」便選擇「不做」，那你就實在太在意面子了。

像伊隆．馬斯克這樣的企業家，是一群會將自己想做的事堅持到底、獲得成功，並從中感受到生命意義的人。**他們不介意去做世人覺得「愚蠢」的事**，假使做了，他們反而會暗自竊笑「太好了！」，因為不會有人加入競爭。

伊隆・馬斯克（特斯拉）的事業選擇軸

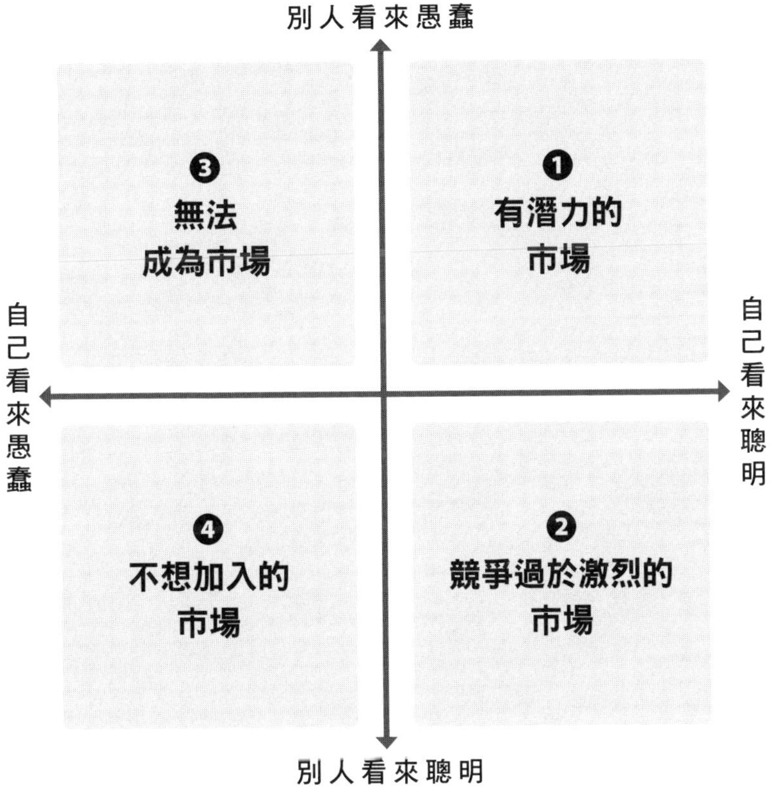

以行銷的角度來說，①是藍海。**即獨占市場的狀態，參與競爭的人少**，感覺就像是一人獨自悠游於湛藍清澈的大海中。可以說，這裡的人正享受著舒適和暢快吧。

與此完全相反的是②，這裡是紅海。即處於競爭狀態的市場，發生血腥爭鬥，將海水染紅的感覺。只要一直待在這裡，所有人都不會得到幸福。

別人看來愚蠢但自己認為聰明的事就做——。自己的內在如果有這樣的主軸，遇到任何事就能立刻做選擇，並採取行動。即使周遭的人都反對也能毫不在乎地勇往直前。

順帶一提，史蒂夫・賈伯斯曾在史丹福大學的演講中提到「Stay Hungry，Stay Foolish」。這句話是要人「保持飢渴和愚笨」，因此我猜想他要訴說的和馬斯克是同樣的意思。如果你既傻又餓，便可能在任何市場獲得成功。

3 「做喜歡的事」並不會一帆風順

「聰明／愚蠢矩陣」很適合像伊隆．馬斯克這樣的企業家。而如果是和創業沒有任何關係的人，老實說並不適用。我們再來看其他主軸吧！

「喜歡／討厭」是大部分人所採用的主軸之一。因為「喜歡」而做；因為「討厭」就不做……。以此作為判斷的基準確實簡單。也許你在不知不覺中也依循「喜歡／討厭」的主軸在做決定。

「做自己喜歡的事」、「把『喜歡』當作工作」、「喜歡的事就會順利」……。坊間有書籍在頌揚這樣的做法，實際上也有人如此主張。社會上對此也樂觀其成。任何人都可以做自己喜歡的事，沒有人有權利阻止別人這麼做。

如果是喜歡的事，確實可以全心投入到幾近忘我，也能忍受嚴厲艱苦的訓練。而且比較容易維持動機，並能自己運用巧思設法讓事情順利進行。實際上若能做到沉迷的地步，大有可能取得他人無法企及的成果。

但另一方面，這世界「並非只要喜歡一切就有辦法解決這麼簡單」也是事實。很多人都想做自己喜歡的事，所以無論如何競爭就是會愈來愈激烈。比方說，像棒球、足球那樣受歡迎的運動，由於競技人口多，自然會有許多競爭對手。

僅有一小部分的人能在上述的「紅海」中激烈廝殺，成為當中的佼佼者。在競爭中落敗、受挫的人不知凡幾。這樣的人確實是占絕大多數。一旦不能在喜歡的事情上做出一番成績，還可能會開始自我否定：「我這種人真沒用」，甚至討厭起自己一直以來付出那麼多努力的棒球或足球。

再者，只想做自己喜歡的事常常會被人批評「任性」或「自私自利」。即便好不容易在喜歡的事情上取得成果，但其他事完全不行的話，整體來看還是不利居多。

不以「喜歡」為入口

徹底做自己喜歡的事並非壞事。話雖如此，但以「喜歡／討厭」作為選擇軸還是有點令人擔心。

為了度過瞬息萬變的時代，需要取得多樣的資訊。然而**如果只有「喜不喜歡」這個**

入口，接收到的訊息可能會有偏頗，使得真正應當掌握的訊息完全進不來。

想以「喜歡／討厭」當作選擇軸，那是你的自由。雖然沒有辦法阻止你，但你最好要先知道，日後弊會多於利。

「無論如何我就是想做自己喜歡的事。就算痛苦、難過我也會熬過去」……。

假使你有這樣的決心，也不是「沒有」方法可以幫助你實現願望。關於這部分留待第四章再談。

4 大腦最喜歡做別人會開心的事

前一小節我們看了「喜歡／討厭」這樣的主軸，但它不可能成為致勝安打。我之所以談它，是因為社會上有不少人善意地看待它。為了讓各位理解它不合適，我才刻意撥出篇幅來說明。另有其他應當作為選擇軸的事物。

我接下來要告訴各位的方法從腦科學來看也站得住腳。首先要提出的是「利他性／利己性」。

所謂利他性就是做別人會開心的事。利己性的意思則相反，是做自己會開心的事。

我希望各位別誤會，利他性的意思並不是自我犧牲。為了別人而讓自己受苦、遍體鱗傷的事不應存在。因為那是被對方利用、壓搾，本質上就是錯的。我們可以在被「無賴男」吸引的女性身上看到這種傾向。她們會寵溺無賴男，壓根沒想要幫助他們成長，其行為和利他性天差地別。事實上她們對喜歡無賴漢的自己有點自我陶醉，毋寧說是高度利己性的行為。

做別人會開心的事，自己也有所成長。這才是真正高度利他性的行為。

比如，為了讓客戶滿意，不斷增進待客技巧和款待精神。客戶如果開心，願意再度光臨，營業額就會上升。好處不僅於此，自己也會因為技巧提升而所有收穫。能夠讓客戶和自己都有收穫的行為就是我們應當追求的利他性。**此利他性是AI無法擁有的。**

常有人說「好心有好報」，徹底做到以對方為先，幾經輾轉，最後自己也會受益。從事利他性高的行為對自己不會有壞處，日後肯定會得到相應的好處。利他性愈高，回報就愈大。

上述喜歡無賴男的女性看似以對方為先，其實是以自己為先。因為是以自己為先，所以早已得到好處，不會得到對方任何回報是當然的結果。

不求回報

小孩很善於做讓別人開心的事。想讓父母高興而幫父母的忙、按摩肩膀的經驗，你應該也有吧？這時的行為肯定是純粹出於一種「想取悅父／母親」的念頭。裡頭不含半點「希望得到回報」的渴望。

人類原本就是高度利他性的動物。具有想取悅他人的本能。孩提時做得到的事，不可能長大之後做不到。**重點在於「不求回報」**。

因為是不求回報，純粹想博取歡心的行為，對方才會大為感動：「真慶幸是由他負責」。並且不會忘記這份感動，願意再度光臨。

「這樣做就能讓對方開心」、「只要這麼做，一定會有回報」……。

一旦有這樣的邪念就會被對方看穿。對方既不會高興，還會被對方列為拒絕往來戶。會求取回報就是以自己為先。若不是不求任何回報的以對方為先，便無法博得對方歡心。

事實上，**大腦中取悅別人的迴路和取悅自己的迴路有著極為相近之處**。這事說明了「好心有好報」果然不假。

不求回報地徹底取悅對方。這樣的選擇、行為最終會幫助自己成長，其好處會在日後顯現，但要貫徹在工作中真的很難。

利他性，而非利己性，才是選擇軸的首選。

5 挑戰難以實現的事

我們需要做許多事才能讓大腦活化，如果硬要鎖定一樣，那就是「能刺激多巴胺分泌的行為」。相信各位已聽過，**多巴胺是腦內會分泌的一種物質**。

當有開心的事發生，大腦就會分泌這樣物質，使人更有精神、行動加速。比方說，當你在學習上解開一道難題，或是在工作上與客戶完成艱難的談判等，會想要歡呼「耶！」或擺出勝利的姿勢，這時腦內就會分泌大量的多巴胺。

多巴胺一釋出，人就會想要「更加努力」、「取得更好的成果」，而使行動加速。為了繼續取得好的成果，當然必須比以往更加努力。難度增加是顯而易見的事。

而提高難度的是你自己。想要「更努力」而開始去挑戰更難解的問題、從事更困難的工作，在背後支撐這些行為的就是多巴胺。

假使多巴胺沒有被分泌出來，人不會明知非常困難還特地自找苦吃。不會自己刻意提高難度，而是繼續做著和以往同樣難度的事。

這樣只是竭盡全力維持現狀，不會成長和進步。而且無法適應變化，逐漸退化。

由多巴胺驅動的強化學習

人因為多巴胺的分泌而想要進行更困難、嚴峻的挑戰。想方設法完成那困難、嚴峻的挑戰後，腦內又會分泌多巴胺，因而燃起鬥志：「再多拚一下！」

於是又再挑戰更困難、更嚴峻的事——。人類就是透過這樣不斷地挑戰一路進化過來，多巴胺深深參與了整個過程。

多巴胺再怎麼說都是我們自己體內製造出的物質，而不是「完成這個就給你獎賞」這種來自他人的誘因。自己可以生成正是多巴胺的優點。

「會不會有點勉強？可是只要拚一下，總會有辦法的吧？」

如果能像這樣自己設定課題並克服它，你將會隨著大腦活化而大幅成長。**利用多巴胺不斷加快行動稱為「強化學習」，是人類才能這麼做**，因此務必在選擇時加以利用。

6 人生充滿「偶有性」

我接下來要舉的主軸是「確定性／不確定性」。確定性指的是能輕易做到的事；不確定性指的是不清楚能不能做到的事。

對任何人來說，所謂人生就是滿布了確定性和不確定性。沒有人是只有其中一個。只做自己確定的事自然很穩定，但缺乏成長性。只做帶有不確定性的事雖然不夠穩定，但克服它會讓你獲得顯著的成長。先前舉例提到的難解問題和艱巨工作正是具有不確定性。

不知道自己能不能做到。雖然做起來辛苦，但完成時會非常高興……。

全心投入這種不確定性高的事物會有所成長，成功過關時腦內還會釋出多巴胺，於是充滿幹勁，想要「更加努力」，使行動加速。

確定性和不確定性

確定性
- 可以預測到事情會如何演變
- 毫不勉強就能做到的事

不確定性
- 完全無法預料會如何演變
- 不知道能否做到、很困難的事

在穩定和不穩定之間取得平衡

一面做著確實可靠的事，一面努力投入帶有許多變數的事。巧妙取得這樣的平衡是所有人在生命中持續前進的訣竅。

百分之百確定的事，做了不會覺得有趣。而做百分之百不確定的事會讓人捏把冷汗、心跳加速，很刺激，可是往往壓力也很大。

那各占五十就好嗎？則要看個人。自己慢慢找到兩者的平衡最是理想。

過著穩定牢靠的日子，同時鑽研會促使自己成長、不確定性高的事物。去挑戰變數多的事物，同時做著確實可靠的事，使生活安定。

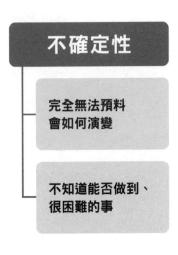

要自己弄清楚適合哪一種方式並加以實踐。順帶一提，我把充滿確定性和不確定性的狀態稱為**「偶有性」**。

或許可以這麼說，所謂的人生，就是如何泳渡名為「偶有性」的大海。

7 這就是選擇矩陣

利他性和利己性；不確定性和確定性。前面介紹過了這兩種組合。將兩者結合即可做成矩陣。橫軸是利他性和利己性，縱軸是不確定性和確定性。這麼一來就會形成以下四個區域。

①利他且不確定
②利他且確定
③利己且不確定
④利己且確定

這四塊區域中的①**「利他且不確定」正是應當作為選擇軸的組合**。別人會開心，對自己來說又有點難度。如果是這一區的事物最好去嘗試，不要猶豫，它會促使大腦活化，幫助你成長。

②的「利他且確定」雖然能取悅別人，但對自己來說難度較低，所以往往會變成千篇一律；③的「利己且不確定」對自己來說是挑戰所以很刺激，但很可能陷入自我滿足；④的「利己且確定」對自己的成長沒有任何幫助，我並不建議，但如果是當興趣則另當別論。

以利他且不確定的程度作為選擇的標準，就不會猶豫和煩惱了。**因為對別人有利，轉來轉去也會對自己有利，所以更加沒有逃避的選項。**

至於我自己，我實際身體力行的利他且不確定的事就是當「底層YouTuber」。我幾乎每天在YouTube上發布有關大腦的解說影片，訂閱人數大約六萬。所以我才會自嘲式地自稱「底層YouTuber」。這是一個專為那些想好好認識大腦但不會去看書或看電視的人製作的頻道。

從想認識大腦的人會開心的角度來看，它具有利他性；而有多少人會觀看？不知道，從這個角度來看又充滿不確定性，因此對我來說正是屬於①。

一旦有主軸，選項就會增加

在YouTuber的「紅海」中我不僅孤軍奮戰，而且是陷入孤立無援的戰鬥，現實非常嚴峻。但這不表示做這件事沒有好處。透過在影片中進行解說，我的發表能力、演講能力相信都有所提升。據說訂閱人數超過十萬會得到「白銀創作者獎」，但得到它的機會極為渺茫。

擁有利他且不確定這樣的主軸，選擇反而會擴大，而非受限。世界上有許多能讓別人開心，對自己又有挑戰性的事。

從中挑選出最適合自己的事並付諸實踐吧。這選擇將會改變你的人生，在想要有所行動的你背後推你一把。

促進大腦活化的選擇軸

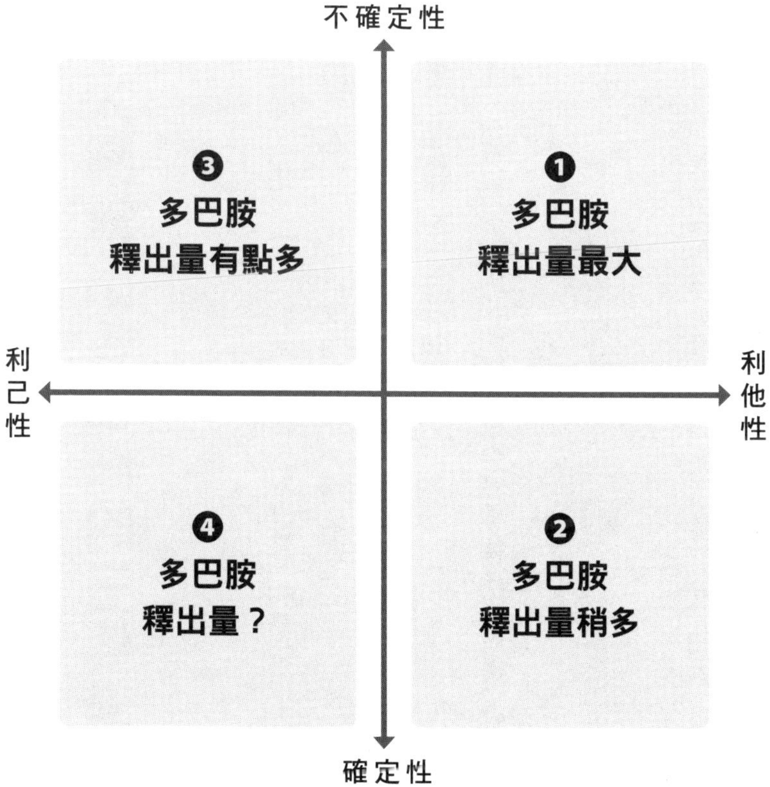

8 促使大腦釋出多巴胺的三要素

我們已知，在完成一件原本不知道能否做到的事時腦內會分泌出多巴胺。除此之外，有人因為我們的行為感到開心時，大腦也會分泌多巴胺。

這麼說來，**做利他且不確定的事是一石二鳥。對方的腦內會分泌出多巴胺，當然，同樣的反應也在我們自己的腦中發生。**

很多人（包括自己在內）的腦內都會釋放出多巴胺，所以不這樣做的話，就太可惜了。

我們現在來玩一下益智問答。你在送一個對你很重要的人生日禮物時，曾考慮什麼時候送最好嗎？

即便是當天送也有各種時機，如一見面立刻拿給對方、聊得正起勁時或道別之際，不同的送禮時機，對方腦內多巴胺的分泌量可能會大不相同。

如果是你，會在什麼時機送呢？我猜，在日期變換的時刻送，對方腦內釋出的多巴胺量應該會最多。

假設在生日當天見面，對方理所當然會因為期待「也許會收到禮物」而心情亢奮。時間在用餐、愉快地聊天之中轉眼過去，一留神，發覺這一天即將結束，差不多該回家了。這時對方會開始有點心神不定。

「不一定要很貴的東西，送個禮物明明挺好的呀？」

一旦心裡如此期待，卻不見你有送禮的意思，對方除了不安還會感到不滿。當日期即將變換，對方已不抱希望之時，你拿出禮物祝對方生日快樂，對對方來說會是最大的驚喜。驚訝和喜悅交集，腦內於是釋放出大量的多巴胺。

製造驚喜效果

多巴胺的分泌還有一項重要因素就是驚喜。生日送禮讓對方開心是富含利他性和不確定性的行為。連極品的餐後甜點——「驚喜」——都到手了，腦內絕對會分泌大量的多巴胺。

做難度高的事；取悅別人；製造驚喜。

促使大腦分泌多巴胺的三要素

1 **做困難的事**

2 **做別人會開心的事**

3 **製造驚喜**

只要湊齊這三點，大腦就會分泌大量的多巴胺。在根據利他性和不確定性做選擇時也要考慮到這三點。

9 棉花糖實驗中所見高度利他性和不確定性的選擇法

這一小節我要為各位具體地揭示什麼是利他性和不確定性高的選擇、行為。我要舉的例子，是距今半世紀前在史丹福大學進行的「棉花糖實驗」。

實驗是這樣的。研究人員將放著一個棉花糖的盤子擺在幼稚園兒童面前，跟他說：「我十五分鐘後回來，如果你可以一直忍著不吃棉花糖就再給你一個。如果吃掉了，就不會給你第二個」，然後走出房間，調查小孩實際會採取什麼行動。走出房間的大人會查看小孩能不能忍住不吃。

結果，一百八十六名幼稚園兒童中，有三分之一的小孩成功忍到最後。意思就是，忍不住吃掉棉花糖的小孩占壓倒性多數。

這項實驗是在調查小孩能不能忍住欲望，但我著眼的是「能否延遲享樂」。能夠忍耐的小孩大概認為「只要等十五分鐘就能多拿到一個」，所以能將眼前的享受——吃掉棉花糖——「往後延」。

現在的你如果接受這項實驗會做何選擇、採取怎樣的行動呢？前提相同，但要加上一個條件：「可以把棉花糖給自己以外的其他人」。

做出雙贏的選擇

如果是你，會選擇以下四者中的哪一個？看這選擇就能知道你的利他性和不確定性是高是低。

①很快就吃掉棉花糖
②等十五分鐘，自己獨享兩個棉花糖
③自己沒吃，立刻把棉花糖送給別人
④等十五分鐘，自己吃一個棉花糖，另一個送給別人

其中的①是利己且確定。等十五分鐘也不知道是不是真的就能得到棉花糖，所以如果很想吃，它是最可靠的選擇。

②是利己且不確定。就是將不確定是不是真的能得到的棉花糖當作給自己等了十五分鐘的犒賞。

③是利他且確定。「可以自己吃」卻送給別人是利他的行為，但也可以說是犧牲自己。

④是利他且不確定的選擇。即驚喜與利他性的二重奏——連自己都懷疑「不知道能不能得到」，沒想到真的得到兩個，而且還將其中一個送給原本沒預期會得到的人。自己和對方皆歡喜，大腦同時分泌出多巴胺。

最後**會得到雙贏結局的就是利他且不確定的選擇**。對方開心，自己也會高興。得利的不僅是自己而已，正是我推薦各位以利他且不確定當作選擇軸的最大理由。

10 因為一個選擇即改變人生的前田裕二

我要再舉除了我以外其他人的例子。這人同樣會做出利他且不確定的選擇，就是SHOWROOM的社長前田裕二。

前田先生是創辦即時影音串流網站SHOWROOM的企業家。同時又以《筆記的魔力》（幻冬舍）一書的作者而為人所知。《筆記的魔力》是以他自成一格的筆記術為題材寫成的書。

少年時代，前田先生為了賺取零用錢在街頭表演。起初他都演唱自己創作的歌曲。想當然耳，一個全然陌生、名不見經傳的少年就算在街頭唱自己寫的歌也不會有人感興趣。畢竟，街頭表演者多得是，既無人佇足聆聽，他自己也覺得徒勞。

因為這結果，少年時代的前田先生決定改變方針。他開始唱路人都知道的知名歌曲。既然是聽過的歌曲，就算是由陌生的少年演唱依然有人感興趣。然後他會請停下來聽的人點歌：「有沒有什麼想聽的歌？」唱完那首歌之後，他會反向提議：「我自己也有寫歌，唱給你聽好嗎？」幾乎所有人都會答應：「好啊」。

就這樣一步一步地，他開始能唱自己創作的歌曲。而只要他應別人的點歌之後再唱自創曲，打賞就會變多，還有過一個晚上賺十萬圓的紀錄。這就是一旦受惠於人便想有所回報的**「互惠性法則」**，不過少年時代的前田先生是否知道就不清楚了。

人會想要回報對方

分析前田先生唱自己寫的歌的過程，會得到一個非常有意思的事實。我們可以在那當中看到他做出利他且不確定選擇前的轉變歷程。

一開始他唱自己的歌是利己且確定的選擇。因為是演奏自己內心覺得有把握的曲子，所以具有確定性；而因此得到滿足的只有自己，所以只有利己性。

前田先生接著是唱大眾熟悉的歌曲，引起關注，並接受他人點歌。接受他人點歌是利他性，且帶有確定性——唱了之後會讓對方開心。

最後，他為點歌的人演唱自己寫的歌，因為對方也「想聽」，所以是利他的行為。話雖如此，但也不知道對方聽了會不會開心，所以充滿不確定性。如果對方聽完那首自創歌曲開心地說「好聽」，那麼前田先生和對方的腦內就會釋出多巴胺。走到這一步的話就是雙贏。

「利己性／確定性↓利他性／確定性↓利他性／不確定性」

經過這樣選擇的轉變，他的街頭演唱後來才會順利。前田先生自述這經驗成為他日後創立即時影音串流網站SHOWROOM的契機。這樣說來，前田先生就是因為做了利他且不確定的選擇而大大改變一生的人。

SHOWROOM前田裕二社長少年時代的選擇軸

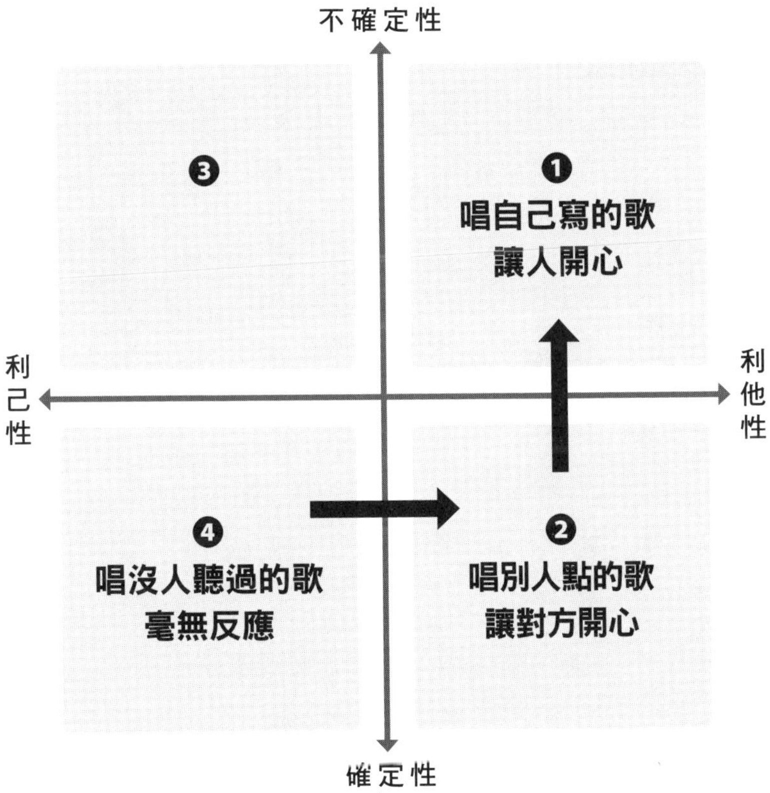

11 偶爾利己沒關係

以利他性／不確定性作為企業整體的行為準則。其代表性企業就是網路商務之雄Google。

該公司明文定出「Google會做的十件事」，作為企業明確的行為準則，也可說是信念。其中有一些強調利他性／不確定性的文句，我摘錄如下：

「1. 只要聚焦在使用者身上，一切都會水到渠成。

Google自成立以來一直是以使用者的方便為第一。不論是開發新的網際網路瀏覽器，或是修改首頁的外觀，我們最重視的都是使用者，而非自己內部的目標和收益。（略）在開發新工具和應用程式時也總是追求讓使用者無可挑剔、完美的設計。」

「10. 精益求精。

對Google而言，成為第一不過是起點，而非終點。在Google，我們會設定一個明知目前無法達成的目標。因為這麼做我們才會為了達成目標竭盡全力，留下超出期望的結果。（略）

即使使用者並未正確掌握自己要搜尋的內容，但這不是使用者的問題，畢竟在網路上尋找答案就是我們的工作。」

可以說，因為Google實際上的作為和選擇一直是如此充滿利他性／不確定性，該公司才會成為通行全球的搜尋網站。反過來說，**只要在選擇和行動上貫徹利他性／不確定性，顧客一定會願意利用並有所回應**。Google一直在現實中踐行「好心有好報」、「互惠性法則」。

不過，企業整體雖然要追求利他性／不確定性，但對在裡面工作的員工來說，那相當困難。有時還要為了顧客壓抑自己，因而成為一種壓力。

Google讓員工做自己喜歡的事

該公司為這樣的員工設定了「百分之二十原則」。意思是員工可以花百分之二十的工作時間去做自己覺得「有趣」的事，儘管不會立刻知道它能不能成為一門生意。簡單說就是「兩成的上班時間可以做自己喜歡的事」。

平時追求利他性／不確定性高的工作，但閒暇時可以做自己喜歡的事，這麼一來不但壓力減輕，還能使熱情維持在高檔。事實上也確實有一些事業是利用百分之二十原則發展出來的，如「AdSense」和「Gmail」。

百分之二十原則下做的事恐怕具有高度的利己性和不確定性（做利己性和不確定性高的事應該無法擴大成為事業）。一旦從利他性回歸利己性，行為便不再受拘束，呈「去抑制」的狀態，能徹底做自己喜歡的事。這時只要做出一定的成績，大腦就會分泌多巴胺，使行動逐漸加速。

其效用還會影響到平時利他性和不確定性高的工作，全是好處。Google應該就是看好這樣的加乘效果才會採行「百分之二十原則」。

以利他性／不確定性為基礎，偶爾轉換成利己性／不確定性。時間到了又回復利他性／不確定性。

加入這樣的擺盪，企業和個人都會取得成果。自己在心裡試著這樣擺盪，取得巧妙的平衡也不錯。

Google的事業選擇軸

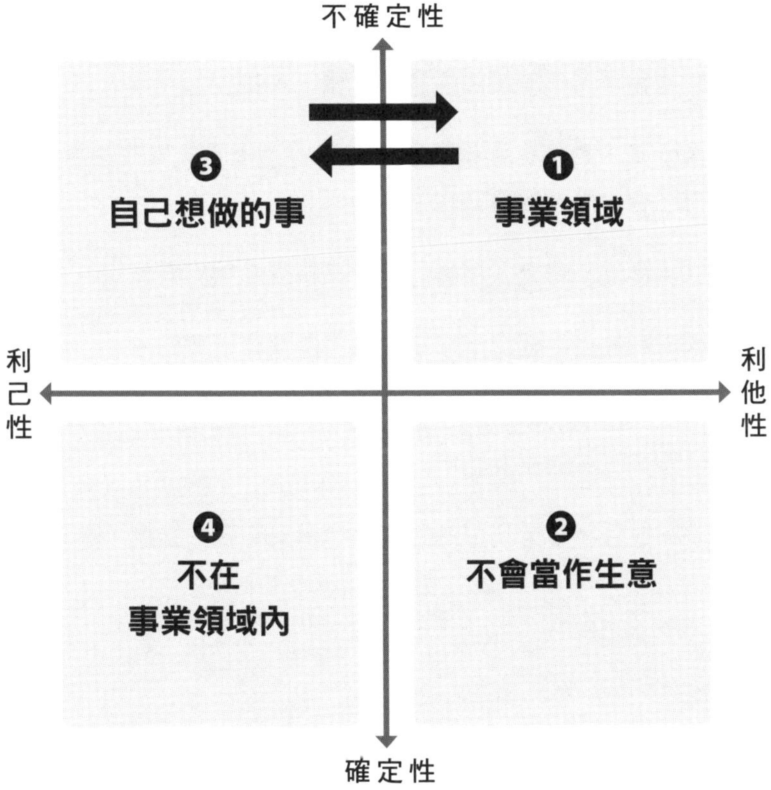

徹頭徹尾追求「利他性&不確實性」，
同時允許員工將兩成的工作時間投入
自己想做的事

本章小結

- AI可以做出比人類更快又正確的選擇。但另一方面，人類能夠根據價值觀和信念做選擇，AI則沒辦法。
- 像伊隆・馬斯克這樣的企業家，會選擇別人看來愚蠢但自己覺得聰明的事當作事業。
- 以「喜歡」作為選擇軸的話，不順利時很容易氣餒。
- 以「利他且不確定」作為主軸，選擇會更寬廣。
- 「做難度高的事」、「取悅別人」、「製造驚喜」是大腦分泌多巴胺的三要素。
- 以利他且不確定為主軸做選擇會帶來雙贏的結果。

第 3 章

提高選擇品質的兩種手法

1 提高選擇品質需要時間

選擇的首要之務是設定主軸（選擇的基礎）。有了主軸，猶豫、掙扎就會大幅減輕。

自己有想做的事，但不知道會不會順利。有想做的事，但反對意見很多……。即便是這種情況，對照「選擇矩陣」就會自然得出結論。**假使那件事落在「利他且不確定」的區域，不要猶豫就去做吧。**

利用這矩陣即可順利做選擇。至少這方法有別於過去「不會做選擇的自己」。雖然不會突然就變得「會做選擇」，但習慣之後將會慢慢產生改變。

凡事都不可能一朝一夕達成。從這個角度看來，**在錯誤中嘗試、一進一退是理所當然的事。**

舉個例子，假設便利超商推出新甜點，感覺好像很美味便買來嘗鮮……。結果幾分鐘後便能揭曉。嘗過就知道買那甜點的決定是對或錯。好吃的話應該會再買，不好吃就會後悔：「早知道就不買了」。這會發展成「以後不再買」的決定。

像這種結果立判的情況並不多，絕大部分的選擇都遲遲看不到結果。即使是幾年前做的「進入這家公司」的決定，真正蓋棺論定也還要許多年。

因為難以判明結果，所以回避做選擇。如果很久以後才會看到結果，就算好不容易做了選擇，往往動力也很低。

確實存在這樣負的一面。然而，不做選擇便無法推動人生前進，要成就一件事也會更加困難。因為要花時間才會得到結果就「不做選擇」，那是本末倒置。

結果出爐和變得會做選擇都需要時間……。這是無可避免的事。

改變得太快會出現反彈

反之，如果立刻就看到結果或改變，那才危險。和減肥一樣，體重很快就會復胖。

要讓自己變得會做選擇需要一段不長不短的時間。**花費一定程度的時間才能真正改變，也才能扎根。**

有件事我可以肯定地說，從「不會選擇」變成「會做選擇」並不需要破釜沉舟般的決心。不用著急，無法立即見效也不必嚴肅看待。按照自己的步調慢慢改變沒關係。

能夠時時意識到自己內在的主軸，好比獲得一項強大的道具。由於還有其他要取得的道具，所以讓我們按照自己的步調一樣一樣來吧！前方將是已改頭換面、會做選擇的你。

2 提高選擇品質的情資

做選擇除了要有主軸還必須擁有的東西——。那就是「Intelligence」。最早是特務機關使用的詞彙，現在即使在一般業界也能經常聽到它。

Intelligence一般被譯為智力或情報，不過其實非常難找到適當的日語翻譯。將Intelligence一詞傳播開來的記者手嶋龍一先生甚至表示：「日語中並不存在對應的詞彙」。我自己則為它下了一個定義：**「在不確定情況下取得的最確切的情資」**。

舉例來說，對手企業將發表新商品只是一則消息。只有這樣不算是情資。很少人知道的資訊，如新商品的具體內容、原料、製造方法等，才能算是情資。即使在開發販售新商品的企業也僅有少數幾人知道那些資訊，所以足以稱為情資。

假使動用關係可以很早就合法取得，站在對手企業的立場就會渴望得到那些資訊。像這種只有極少數人能取得的資訊就是情資。

如果取得對手企業將推出新商品的消息，就需要決定對策。不用說，是否掌握那項消息自然會大大影響這時的選擇。

只要能率先得到幾乎無人知曉的一級情資，就能迅速選定對策，取得成果。相反的，未能觸及那項情資的話，便有可能做出錯誤的選擇，或因起步太晚而無法取得成果。

情報之國以色列所做的事

取得情資並有效加以利用已是很平常的事。以國家之力推動這件事的就是以色列。以色列有個據說全球最強的特務機關「摩薩德」。以色列是流浪民族猶太人歷經種種磨難才建立的國家，位處信仰不同宗教的其他民族國家環伺的嚴峻環境中。率先取得情報加以利用是國家最高的生存戰略。

該國在新冠肺炎疫苗爭奪戰中的表現，即顯現了其情資收集強大的一面。全世界許多國家都在努力與生產疫苗的藥廠建立關係，而以色列之所以能領先其他各國成功取得疫苗，想必是運用情報的結果。包括摩薩德在內的政治領袖肯定動用了一切管道，才與藥廠的高層談妥交易。

在進行這種艱難的談判時，通常會試圖透過各種管道去接觸握有決定權的人，如從有影響力的人或弱點下手，或去接近他的親信。使用何種管道能取得成果，這正是情資。以色列為了國家的存亡，平時就一直在進行這樣的情資收集。

3 每個人都能取得情資

個人雖然無法進行像國家那樣的諜報活動，但即使是日常生活，情資的有無也會對結果造成巨大影響。**擁有情資就能做出更高品質的選擇，並能期待有好的結果。**

我舉行過多場為高中生辦的演講，結束後經常與他們進行討論。這是在某次演講中發生的事。

當我問大家：「你們將來打算做什麼？」幾乎所有人都回答「在日本上大學」，只有一位男孩的回答有點別具一格。他說，高中畢業後要先去工作一年。他考慮努力工作一年存到錢後，去美國上社區學院之類的。社區學院畢業後，再去上日本也很知名的美國大學。

美國有社區學院這種兩年制的公立大學，社區學院念完後可以轉入四年制大學繼續就讀。高中畢業後不直接升大學，而是經由社區學院再轉入大學就讀，在美國很常見。

也有成年人工作幾年後去社區學院進修，然後立志上大學的。由於這在日本不是主流，因此我跟別人說「要念美國的大學可以經由社區學院進入」，有些人會很驚訝。在社區學院學習，即便是日本人，相信語言能力也會提升（但還是要看當事人的努力），並可降低進了大學名校課業卻跟不上的恐懼。

花時間和精力獲取資訊

經由社區學院進入美國大學名校就讀的這條入學管道就是情資。**只要有心調查任何人都可以查到，然而多數人可能不願花費這麼多的時間和精力，或是不去推想「難道沒有其他更好的管道嗎？」**，才會想要走日本高中畢業就去上美國大學這麼困難的路。這就是有沒有情資的差別。

經由社區學院進入美國大學就讀的前例之一就是軟體銀行的孫正義先生。孫先生暑假去美國時得知有社區學院後便直接入學，之後轉入加州大學柏克萊分校就讀。我猜想，他應該是去到美國後發現「竟然有這種地方！」，當場立刻決定進入社區學院就讀吧。如此快速做決定就是孫先生的真功夫。

如同這位想要經由社區學院進入美國大學名校就讀的高中男生，只要你有心就能取得情資。這遠比試圖從日本高中直接升上哈佛、史丹福就讀要來得實際。這樣的思考和選擇是任何人都能在日常生活中做到的。

4 日本人為何不擅長收集情資？

日本人很不擅長情報活動。**怕做選擇也許就是因為不善於情報活動的關係**。日本所處的環境不像猶太人那樣惡劣，不必在複雜詭異的國際情勢下求生存，從某個角度來說是幸運，但在瞬息萬變的世界，那逐漸成了致命的弱點。

即使是談判，有些日本人也如「推心置腹」或「精誠所至，金石為開」所說的，相信只要用誠意打動對方就能打開一條道路。島國的外在威脅少，狹小國土上居住了一億人，單一國家也能自成一定規模的市場，處在這樣的環境中確實靠誠意即已足夠。

但很遺憾，這樣的誠意對不同環境下的人並不管用。我要說的意思不是其他國家的人「沒有誠意」，而是在談判這種需要激烈論戰的場面，這樣不可能占到優勢。

「只要我很努力，對方就能體會」這種待人以誠確實很重要。持續這麼做，最後陷入加拉巴哥化*而遭變化淘汰，這就是二十一世紀的日本。

我的意思不是說「懷抱誠意不好」。我只是要告訴大家，誠意不被理解是常有的事。

在玉石混雜中找到寶玉

在這樣的狀況下可以保護自己的便是情資。情資這種東西原本就是好壞參雜。**在成堆的垃圾中覓得僅有的一點珍寶**，那就是情資，有些人為了擾亂對手還會故意散播假訊息。

為了陷害對手而將對手誘導去垃圾堆，自己則往藏有珍寶的方向前進。所謂的情報活動就是在這種與真心無緣的世界裡進行的。

在獲取最佳情報之前，常常有懷疑別人「是不是說真話」，抑或是為了占得優勢而欺瞞對手，這種事可說是司空見慣。不過，這對喜歡真心誠意的日本人來說，確實不太適合。

不僅是在這種為求獲利必須眼明手快的世界，像上述那位高中男生那樣**取得對自己人生有利的資訊也是一種情資收集。**值此變化劇烈的時代，能否迅速取得這樣的情資將大大影響你往後的人生。

不擅長是不行的。畢竟已是這樣的時代，我們只能摒除心理障礙，不斷提升情資收集的能力。

＊加拉巴哥（Galapagos）是位在太平洋上的群島。因長期與世隔絕而自成一個生態系，導致一些物種瀕臨滅絕。加拉巴哥化即意指日本的產業長期在孤立環境（日本國內市場）下自行演化（最佳化），因而無法適應外在環境（國際市場），最終陷入被淘汰的危機。

5 增強情資收集的三種方法

日本人與情資收集合不來……。這似乎是很難克服的事實，但也不能因為這樣就袖手旁觀。

增強情資收集並不必捨棄真心，我完全沒有這個意思，也絲毫無意如此勸說。

即使是喜歡真心誠意的日本人，也有方法可以增強情報收集……。我要為各位介紹三種方法。

①結識人

這世上有許多抱持與你不同想法和價值觀的人。一如「物以類聚」這句諺語所說的，自己身邊往往都是與自己相似的人。一旦身邊被這樣的人包圍，不僅選擇和行動會趨於一致，取得情資也只會愈發困難。

要走出自己的舒適圈，盡可能與想法和價值觀不同的人接觸。積極投入和自己呈相反兩極的事物，和一些會帶給自己文化衝擊的人見面、聊天，如此便能接觸到過去不會知道的各種各樣資訊。透過持續與這種背景不同的人交流，慢慢增強情資收集。

②閱讀小說

雖說「事實比小說更離奇」，但要認識那些基本上不可能在現實世界中邂逅之人的想法和價值觀，還是只能透過小說。閱讀世界各國，而不僅是日本的名著，自己的想法和價值觀會發生動搖，有時還會讓自己茅塞頓開。

如果在小說中遇見自己一輩子不曾見過面、說上話的人，當在現實世界中接觸到和自己背景相異的人時就不會畏怯，並能不費力地接納不同的想法和價值觀。是的，**閱讀小說就是一種認識擁有不同想法和價值觀之人的模擬體驗。**

有些人遇到想法和價值觀與自己相異的人時會表現出抗拒：「我跟他合不來！」，這種反應也會消失。若能懷著好奇心與他聊天：「為什麼會有這樣的想法？」、「這種價值觀是怎樣形成的？」自己的眼界也會擴大，取捨資訊的能力也會得到鍛鍊。對增強情資收集肯定會有幫助。

增強情資收集的三種方法

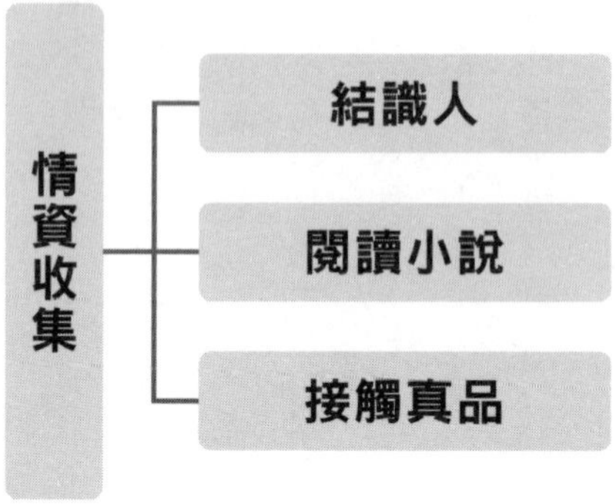

③接觸真品

在白洲信哉先生的邀約下，我偶爾會去骨董世界逛一逛。值錢的有時標價數億圓，起初我以為這類陶器一定會附「箱書」。

所謂箱書就是載有「什麼人做的、所有人是誰」這一類和陶器有關資訊的東西。我原以為有箱書表示眼前的陶器是真品，有品味的人才會購買，但行家的世界似乎和我想的不一樣。

總之，眼前的陶器就是全部。它如果很出色，沒有箱書也無妨，而且真的有人這樣交易，我還記得當我知道這件事時內心的驚訝。

假使沒有箱書，我們不會知道那件陶器是真是假。不對，事實上不管有沒有箱書，我們都無法分辨陶器的真偽。畢竟，在贗品上附上箱書以「此物價值連城」強行推銷是有可能的……。

識真辨假

鑑別真偽的是你自己的審美眼光。這要透過持續欣賞大量真品來慢慢培養。同時，看過許多假貨也會讓你學會識別「這不是真的」。

能接觸到多少真品——。這會幫助你訓練自己的眼光。

情資收集也是同樣的道理。能否在好壞參雜的資訊中挑選出可信、有價值的訊息，要透過接觸一級情報來培養。

不限於骨董，繪畫、工藝，或者全部的藝術，都要盡可能欣賞真品。可能的話要摸摸看。

然後，當一級品才有的獨特光輝逐漸在自己心中內化，就能培養出辨別真偽的品味。那將會幫助你增強情資收集。

6 提高選擇品質的問題

做選擇應當具備的第三要件是問問題。拿不定主意時有人會找人商量「該怎麼做才好」，但有時間問人還不如問自己，不但更快，而且能得出好的答案。**問問題具有最後推自己一把、做出選擇的作用。**

我自己在做選擇時通常會自問：「這真的是我思考後的答案嗎？」如果能馬上回答「是」，那就別遲疑趕快去做。不過其實很少會回答「不是」，所以可說就像是一種儀式。

問問題是要問自己，回答的也是自己。這話帶有「即使拿不定主意也用不著問人」的意思，我之所以這麼說，是因為這種問題問自己就行了。

因為已試圖根據主軸、通過情資收集的過濾再做選擇，所以早已有答案。那**答案就是你內心真實的想法**，近乎信念般的牢固。

雖然應當立刻付諸執行，但因或多或少有些風險，所以有時會心生猶豫：「真的沒問題嗎？」百分之九十九已下定決心，剩下的百分之一被不安和擔憂籠罩，使得最後一刻猶豫不決的情況，並非不可能發生。

這時就該問問題。對自己提出問題，有答案的話就去做，得不出答案的話重新再想就行了。

再怎麼說最後還是要自己做判斷。問問題是為了梳理自己的想法，直到得出答案。

靈活運用三種問題

該問什麼樣的問題因人而異。適合自己的問題通常都有考慮到當時的情況，大致來說可分為以下三種：

①追求目的型

用以確認今後要做的事之意義，和自己真實的感受。在某種意義上可說是選擇的思想檢查。

如果這時答不出來，最好別做，假使做了將來也一定會後悔。具體而言就是問自己以下的問題：

「為何而做／不做那件事？」

「為誰而做／不做那件事？」

「誰會因為你做／不做那件事而開心？」

「誰會因為你做／不做那件事而難過？」

「即使做了之後不順利也不後悔嗎？」

②解決問題型

用以摸索方法來因應今後要做的事，或讓它做得更好。**問問題可以讓你慢慢釐清方法、手段和途徑。**

事先提出問題，可防止緊要關頭時左思右想裹足不前的情況發生。具有選擇後即刻付諸執行的好處。

「要從何著手？」

「應該怎麼做？」

「要做到什麼程度？」

「重點要擺在哪裡？」
「怎麼做可以改善現況？」
「不這麼做的話會發生什麼問題？」

而開始行動後，當情況不如預期，問自己這一類問題也很有用。因事情進行不順利而慌張失措，往往會出現平時不會犯的錯或愚蠢的失誤。恐慌若加劇，有時還會做出可能成為致命傷的行為。

在讓因事情進行不順利而陷入恐慌的自己冷靜下來的意義上，也要問自己：「繼續這種做法真的好嗎？」、「沒有其他更好的方法嗎？」光是這樣做就能讓自己恢復平靜，能夠冷靜地做判斷。

③追求理想型

這是用以釐清應當追求的未來所進行的提問。為了能在未來某個時間點實現理想，有許多事現在非做不可。要逐漸釐清應採取的行動，以使其具體化。

即使有「想要變成○○」、「想要做○○」的願望，其具體且明確的想像只存在於自己內心。**問自己問題，能讓那個心目中的理想形象浮現。**

想像若能明確化，為了實現它應該做什麼就會確定下來。姑且不論要花多少年的時間，只要一樣一樣付諸執行就能實現自己的理想。問問題可以挖出自己潛意識中的意念，讓它變得具體且明確。

「我真的想這麼做嗎？」

「我未來能符合自己的理想嗎？」

「我真的希望那樣嗎？」

「那是我最想得到的嗎？」

「如果那就是十年後的我，我會開心嗎？」

「如果從現在開始努力，我會變成那樣嗎？」

問自己這一類問題，假使有清楚的答案，可以說那就是最好的選擇。別遲疑，立刻付諸行動吧！

我試著在下方列出具體的問題。你可以直接使用，也可以依照自己的情況修改。**如果能常備一些問題引導自己做決定，就能夠順利做出選擇。**

拙著《引出最佳結果的提問力》*（河出書房新社）中對問問題有詳盡的探討。如蒙各位參考，將是我的榮幸。

＊日文原著的書名為《最高の結果を引き出す質問力》。

追求目的型的問題

- 為了什麼要做那件事？
- 為了誰要做那件事？
- 做了那件事之後誰會開心？
- 做了那件事之後誰會傷心？
- 誰會贊成做那件事？為什麼？
- 誰會反對做那件事？為什麼？
- 做那件事會對誰造成什麼不便？
- 做那件事會帶給自己怎樣的成長？
- 那是現在必須馬上做的事嗎？
- 因為做那件事，自己今後會有哪些苦頭吃？
- 自己希望透過做那件事得到什麼？
- 為了做那件事，自己至今付出怎樣的努力？
- 做那件事會讓自己失去什麼？
- 做那件事會讓自己產生什麼改變？
- 做那件事就能讓自己適應社會的變化嗎？
- 自己以後會後悔做過那件事嗎？
- 即使成功機率是零還是要做嗎？
- 因為做了那件事，十年後的自己會是什麼樣子？
- 因為做了那件事，三十年後的自己會是什麼樣子？
- 因為做了那件事，五十年後的自己會是什麼樣子？
- 臨終時自己會自豪曾經做過那件事嗎？
- 不做那件事誰會鬆口氣？
- 不做那件事誰會失望？
- 誰會贊成不做那件事？為什麼？
- 誰會反對不做那件事？為什麼？
- 不做那件事誰會得利？得什麼利？
- 不做那件事會讓自己有何成長？
- 那件事不做也沒關係嗎？
- 因為不做那件事，自己今後會有哪些苦頭吃？
- 自己希望透過不做那件事得到什麼？
- 為了不做那件事，至今自己付出怎樣的努力？
- 不做那件事導致自己失去什麼？
- 不做那件事會讓自己產生怎樣的轉變？
- 不做那件事，自己能適應社會的變化嗎？
- 假使不做那件事，自己以後會後悔嗎？
- 即使成功機率是百分之百，仍然不做那件事嗎？
- 因為不做那件事，十年後的自己會是什麼樣子？
- 因為不做那件事，三十年後的自己會是什麼樣子？
- 因為不做那件事，五十年後的自己會是什麼樣子？
- 臨終時自己會自豪沒做那件事嗎？

解決問題型的問題

- 那件事最大的特徵是什麼？
- 那件事的利弊為何？
- 怎樣做自己會有所成長？
- 怎樣做可以取悅更多的人？
- 重點要擺在哪裡？
- 什麼時候能做完？
- 如果不能在期限前完成怎麼辦？
- 因為做那件事，自己的什麼部分會成長最多？
- 做那件事會解決自己的什麼問題？
- 做那件事應當注意什麼？
- 做那事件可能發生怎樣的糾紛？
- 因為不做那件事，自己的什麼部分會成長最多？
- 不做那件事會解決自己的什麼問題？
- 不做那件事可能發生怎樣的糾紛？
- 不做那件事應當注意什麼？
- 要提升效果，怎麼做最好？
- 假設有種做法無助於提升效果，那會是什麼？
- 要提升效果，怎麼做最好？
- 假設有種做法無助於提升效果，那會是什麼？
- 進行不順利時可以做什麼？
- 進行不順利時可以不做什麼？
- 假使進行不順利時有其他的做法，那是什麼？
- 覺得什麼事很困難？該如何處理？
- 假使無法解決困難，該如何處理？
- 意外遇上阻礙時要如何應對？
- 意外遇上阻礙時，該有什麼樣的替代方案？
- 中途陷入低潮或變得因循守舊時要怎麼辦？
- 可以怎樣讓自己喘口氣？
- 要制定怎樣的計畫好讓事情全部做完？
- 制定好的計畫是否有缺漏、勉強和重複？
- 計畫中途受挫時要怎麼辦？
- 假設重新評估計畫，什麼地方要修改？如何修改？
- 結果不如意時怎麼辦？
- 要進一步提高品質該怎麼做？
- 要進一步提高品質最好不要做什麼？
- 要獲得更好的結果該改變什麼？
- 要獲得更好的結果不能改變什麼？
- 維持現行的程序和例行工作好嗎？
- 如何變更現行的程序和例行工作比較好？
- 改變自己的什麼部分，問題就能得到解決？

追求理想型的問題①

- 我現在應該是什麼樣子？
- 現在的我是一年前所追求的樣子嗎？
- 現在的我是三年前所追求的樣子嗎？
- 現在的我是五年前所追求的樣子嗎？
- 現在的我是十年前所追求的樣子嗎？
- 現在的我是二十年前所追求的樣子嗎？
- 現在的我是三十年前所追求的樣子嗎？
- 現在的我是四十年前所追求的樣子嗎？
- 現在的我是五十年前所追求的樣子嗎？
- 假使現在的我有值得驕傲的地方，那是什麼？
- 假使現在的我有不足的地方，那是什麼？
- 我現在沒有、希望今後能掌握的能力是什麼？
- 一旦掌握了現在所沒有的能力，會是什麼樣子？
- 現在的我最想增進的是什麼部分？
- 現在的我最想去除的是什麼部分？
- 現在的我認為理想的自己是什麼樣子？
- 現在的我為什麼認為那是理想的樣子？
- 現在的我真的渴望成為那理想中的樣子嗎？
- 何時能成為理想的我？
- 理想的我在哪裡從事什麼事？
- 理想的我會對他人做出怎樣的貢獻？
- 為了成為理想的我，現在的我應當做什麼？
- 理想的我擁有什麼正向的一面？
- 理想的我擁有什麼負向的一面？
- 理想的我和現在的我有何共同點？
- 理想的我和現在的我有何不同？
- 成為理想的我可以得到什麼？
- 成為理想的我時會失去什麼？
- 假使未能成為理想中的自己，那會是什麼樣子？
- 即使不能成為理想中的自己依然有好的一面，那是什麼？
- 假使未能成為理想中的自己會有什麼不好的一面？
- 就算沒能成為理想中的自己，我可以如何幫助自己成長？
- 就算沒能成為理想中的自己，我可以對他人做出怎樣的貢獻？
- 十年後的我會是什麼樣子？
- 十年後的我與現在相比有何成長？
- 十年後的我可以對他人做出哪些貢獻？
- 十年後的我和現在的我有何共同點？
- 十年後的我和現在的我有何不同？
- 十年後的我會如何看待現在的我？
- 十年後的我會給現在的我什麼樣的建議？

理想追求型的問題②

- 二十年後的我會是什麼樣子？
- 二十年後的我與現在相比有何成長？
- 二十年後的我能對他人做出哪些貢獻？
- 二十年後的我和現在的我有何共同點？
- 二十年後的我和現在的我有何不同？
- 二十年後的我會如何看待現在的我？
- 二十年後的我會給現在的我什麼樣的建議？
- 三十年後的我會是什麼樣子？
- 三十年後的我與現在相比有何成長？
- 三十年後的我能對他人做出哪些貢獻？
- 三十年後的我和現在的我有何共同點？
- 三十年後的我和現在的我有何不同？
- 三十年後的我會如何看待現在的我？
- 三十年後的我會給現在的我什麼樣的建議？
- 四十年後的我會是什麼樣子？
- 四十年後的我與現在相比有何成長？
- 四十年後的我能對他人做出哪些貢獻？
- 四十年後的我和現在的我有何共同點？
- 四十年後的我和現在的我有何不同？
- 四十年後的我會如何看待現在的我？
- 四十年後的我會給現在的我什麼樣的建議？
- 五十年後的我會是什麼樣子？
- 五十年後的我與現在相比有何成長？
- 五十年後的我能對他人做出哪些貢獻？
- 五十年後的我和現在的我有何共同點？
- 五十年後的我和現在的我有何不同？
- 五十年後的我會如何看待現在的我？
- 五十年後的我會給現在的我什麼樣的建議？
- 六十年後的我會是什麼樣子？
- 六十年後的我與現在相比有何成長？
- 六十年後的我能對他人做出哪些貢獻？
- 六十年後的我和現在的我有何共同點？
- 六十年後的我和現在的我有何不同？
- 六十年後的我會如何看待現在的我？
- 六十年後的我會給現在的我什麼樣的建議？
- 我對十年後的自己最大的期待是什麼？
- 我對二十年後的自己最大的期待是什麼？
- 我對三十年後的自己最大的期待是什麼？
- 我對四十年後的自己最大的期待是什麼？
- 我對五十年後的自己最大的期待是什麼？
- 我對六十年後的自己最大的期待是什麼？

本章小結

- 做選擇時應當具備的三要件是「主軸」、「情資」、「問題」。
- 日本人害怕做選擇是因為不擅長收集情資。
- 所謂情資指的是在不確定情況下獲得的最可靠訊息。
- 日本人認為只要表現出誠意，對方就能理解，但這在複雜詭異的國際情勢中行不通。
- 訊息好壞參雜。必須花費時間和精力才能取得一級的情資。
- 為了自己找到答案，問自己問題就行了。

第 4 章

獲得
最佳結果的
六道程序

1 選擇的過程舉世通用

從這裡開始，我們將逐漸深入實際做選擇的具體過程。只要按照我接下來介紹的程序走，任何人都能自己好好地動腦思考，得出最佳解答。

會做選擇的人自不在話下，就連不會做選擇的人、不想做選擇的人也能得出答案。一旦習慣了，自己甚至會覺得驚訝：「這麼簡單好嗎？」

我們每天都要做許多選擇，因此無法在選擇上花太多時間，要盡可能有效率且有效地做選擇。其方法舉世通用。只要按照程序去思考，世界上任何人都能學會好好地做選擇。不用說，當然比用走迷宮或擲骰子的方式決定要妥當且正確。

整個過程很短，肯定有些人會覺得不盡興。但不會因為它簡單就沒有效果，我是為了讓各位有效率地做選擇才縮短流程。說到底便是「簡單就是最好的」。

照著程序走，提高選擇的準確度

也許，有些人早已在實踐我接下來要介紹的程序而不自知。假使有這樣的人，那表示他已經會做選擇。今後繼續實踐即可。

不過，這樣的人一旦重新理解下一小節起要介紹的流程，就能進一步提高選擇的準確度。速度也會顯著加快。

無法做選擇的人、不想做選擇的人不要急，就從掌握每一道程序做起吧。抄捷徑的話，可能對結果沒有幫助。讓我們一樣一樣完成，逐步提高準確度吧！

2 選擇的過程① 研究

不論工作或生活，如果一定要做某項決定，那麼首先要做的就是「研究」。這是幾乎所有人都會做的事。

沒有人會在未確認有什麼、自己適合什麼的情況下隨便做決定。那已經超過「嫌麻煩」的界線，就只是懶散或沒有朝氣。

「做」研究當然比「不做」研究要好。話雖如此，但做過了頭也是問題。

研究得愈多往往愈容易陷入「難以抉擇」的泥淖。而且研究得再多也研究不完。研究充其量就是提供自己思考、做選擇的依據。然而卻有不少人把它當成目的。

人為何會深陷研究的泥淖呢？可能的原因有以下兩點：

一是認為有正確答案。因為想找出正確答案，於是不斷擴大研究對象，「這個也要調查」、「那個查一下可能比較好」、「這個不能剔除」。這樣的話永遠沒有盡頭。

另一個原因是感覺完成了一件事。當我們努力研究某樣事物時，有時會感覺自己「完成了」一件工作或學習。很多人可能也會遇到這種情況：因為感到異常的興奮或充實，而更加沉迷於研究，無法自拔。

根據主軸將訊息分類

除非是專門做研究的人，**否則調查不過是為了獲取資訊以供選擇參考。**花太多時間或超出必要程度都是問題。

為了讓研究有效率又有效果，必須要有「主軸」。即使是針對某個主題做研究，只要有主軸作判準，就能將大量的訊息分類，「這個需要」、「這個不需要」。用主軸來過濾，即可從好壞參雜的訊息中揀選出一級訊息。

舉例來說，當你要找工作或換工作時，如果擁有主軸，就能一定程度地過濾出自己想要效力的組織。此主軸可以是伊隆．馬斯克的「聰明／愚蠢」，也可以是「利他且不確定」。如果你以自己的成長為重，那主軸可能就是「利己且不確定」。

以主軸為判準就會找到真正適合自己效勞的組織。反之，如果是以薪水、知名度等作為判準，那麼許多組織都符合條件，所以很容易陷入研究的泥淖，「這個比較好」、

「這個好像也不錯」，一直研究個不停。

不管怎麼說，**只要根據主軸進行研究，就能毫無缺漏地取得有力的訊息**。主軸有可能因為選擇的內容而改變，因此要根據每一次的情況設定最適合的判準才會順利。

3 選擇的過程② 縮小範圍

透過研究從好壞參雜的訊息中收集到數個有力訊息後，下一步要做的就是縮小範圍。縮小範圍會讓選擇更為容易。

所謂的縮小範圍並不是消去法。說它像是一種淘汰賽，可能更容易讓人理解。

如果使用消去法就會一直在挑毛病、找缺點。即使有很好的優點，但往往因為缺點多而被排除。

我們在看優、缺點時，先看到的絕大多數是後者。而且一旦注意到缺點，就會接二連三發現「這個不行」、「那點也不好」。其實缺點的背後明明藏有優點，如果不能注意到它，實在可惜。

試圖用消去法縮小範圍，可能會早早就捨棄掉真正該選的選項，或採用了不適合自己的選項。沒時間的時候這種傾向尤其會增強。

即便是購物，在店家快打烊前衝進店裡，急急忙忙用消去法選購物品，回到家仔細一看才發覺「其實買了不必要的東西」，恐怕有一定比例的人有過這樣的經驗吧？這是沒有充分縮小範圍的錯。

消去法因為做起來簡單，較常為人使用，但它有個難處理的問題是容易忽略優點。不是值得向人推薦的方法。

相對於此，「淘汰賽」是A和B比較，留下較優的。**這是看優點，好處是比較容易做出更適合自己，或是會帶來好結果的選擇**。可以說是根據優點進行比較研究。

A和B比，擇優選了前者之後，接著再和C比較。這兩個一比，還是覺得A比較好的話，就再跟D比較。持續這樣比較，然後選擇留到最後的那一個。假使和E、F比較之後仍然是A留下來，表示它是最佳解的可能性就非常高。即勝者為王——「Winner Takes All」。

就優點進行比較研究

這機制涉及到大腦的「基底核」，在有多個選項的情況下，最活躍的神經元（神經細胞）會開始形成迴路，將選項縮小到一個。棋士決定下一步棋的過程正是如此。**因為**

是淘汰賽，所以會是可靠且可信任的選擇。

商品開發在提點子時，也不是所有點子都出色，能保證「一定大賣！」。提出的點子同樣是好壞參雜。差不多一百個中有一個，或是一千個中有一個會暢銷。不論是百萬製作人或是新手，這機率不會有太大的差異。

篩選點子當然不會用消去法。如果只挑出負面因素，如「成本高」、「這領域不是我們擅長的」，那些有發展潛力、感覺可以期待的構想往往很早就被剔除在選項之外。

剩下的就是一些無藥可救的爛點子。這些點子就算被採用並商品化，八成也是以「完全搞不懂究竟賣得好不好」這種不上不下的結局告終。

這時也要以淘汰賽的方式進行篩選。假設用主軸過濾出五個點子。只看優點，如「有發展潛力的市場」、「在美國很受歡迎」、「容易存放」、「輕巧耐用」等，盡量留下更出色的點子。留到最後的就是優點比較多的點子。可以說，商品化之後也會是可以期待的商品。

這種淘汰法所花的時間遠比消去法來得多。**這確實「美中不足」，但真的是做到精挑細選**，所以絕對能做出更有效的選擇。

4 選擇的過程③發呆

經過研究、縮小範圍這兩道程序，便會來到選擇的八合目*。山頂近在咫尺。以登山來說，八合目之後的路會更加艱辛，但選擇則正好相反。

從這裡開始什麼都不要做。做了反而可能有害。不必要的行動「百害而無一利」。

你可能以為，什麼都不要做的意思是「篩選完後就確定了」。這猜想對也不對。有時篩選出的結果就是最後答案；有時，一些從來不在標的內的事物會突然浮出水面。這就是進行下一道程序時會發生的情況。

繼研究、縮小範圍之後的程序是「發呆」。名副其實什麼都不做會讓好的選擇出現，引導我們找到最佳解。

說是「發呆」，可能有人會生氣：「我才沒在發呆！」，但這是做選擇一段很重要的過程，避開的話會有很大的壞處。如果不想被人看見，就自個兒偷偷找個地方——。

選擇「前」

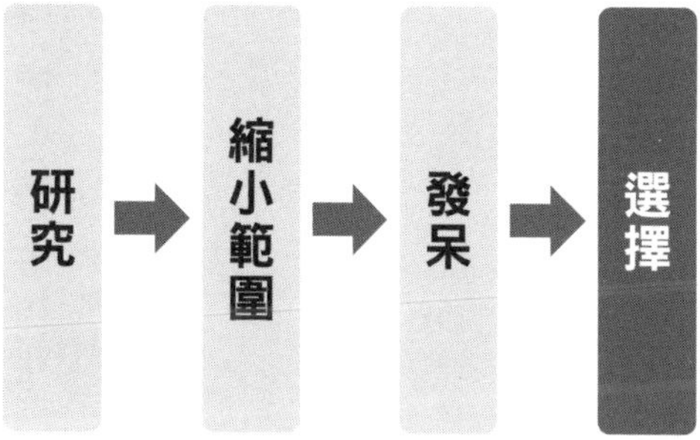

發呆並不是偷懶，也不是沒精神，而是下一步行動前的充電狀態。過了幾分鐘能量就會恢復，所以應該多多發呆。

畢竟持續專心工作了數小時，即使沒覺得不舒服，疲勞也累積了不少。就消除疲勞的意義上也最好發呆。

讓腦袋放空

做法因人而異，不妨找到自己的模式。

比方說，坐在附近公園的長椅上欣賞自然景致。

在咖啡館喝咖啡，別拿出手機或書本，純粹品嘗咖啡。

站在天台或陽台上，不為什麼地仰望天空。

坐在沙發上聽著喜歡的音樂度時間。

腦袋什麼也沒想地走在綠意盎然的路上⋯⋯。

如果要說重點，就是讓腦袋放空。**當你悠然自得地放鬆心情，宛如只是在品味時間的流逝般，而不是做著複雜或要小心留神的事，這時腦袋就會恍惚起來。**在即將得出結論的階段，要盡量多多保有這樣的時間。

＊日本的登山用語。將登山口到山頂的距離分成十段，登山口為一合目，八合目即表示接近山頂。

5 當你無所事事時，大腦會全速運轉

即使在發呆，也不表示你的大腦什麼都沒在做。反倒可以說，當你在發呆時，正是大腦發揮最大作用的時刻。

大腦有所謂的**「預設模式迴路（DMN）」**。這套迴路在你專心做著某件事時不會起作用，而是在沒有特定目的、心不在焉的時候運轉。換句話說，就是大腦的「怠速」狀態。

注意力集中時，大腦因特定迴路在運轉，沒有其他迴路活動的空間。當我們在運算時，算數、套公式解題的迴路會集中運轉，除此之外全無用武之地。可以說，就因為只有運算的迴路在認真地運作才能防止出錯。

工作上要做某件事時也是，製做文件和報告書時只有思考結構、寫文章的迴路在工作，運算迴路不會發揮作用。假如連運算的迴路都開始運作，就會顧此失彼，最後做出很奇怪的文件或報告書。

大腦的所謂集中，是只有一個迴路在運轉，其他迴路完全不作用。就因為特定迴路如此集中運轉，才能做出成果。

一旦恍神，便沒有特定迴路在工作。幾乎所有迴路都處於怠速狀態。

反過來說，就是所有迴路都能運轉的狀態，而不是只有其中一個迴路在運轉。從某個角度來說，這就像是黑盒子，不知道什麼迴路會啟動，處於一種奇特的狀態。

順帶一提，據說將棋的「永世七冠」羽生善治棋士沒有比賽時經常發呆。羽生棋士如此描述自己在那當下的狀態：

「我的情況是會把那種事忘得一乾二淨，開車、泡溫泉或是遛狗，在這種時候才會靈光一閃，忽然想到，而不是在聚精會神拚命思考的時候。

感覺我似乎滿常在這種時候想到解決問題的方法。」

（《不再「喏！就是那個啊、那個」之書》〈德間書店〉）

處在這種**大腦怠速的狀態下，某個特定迴路可能會突然開始運轉，使得靈感更容易**

產生。

試著偏離每天的正軌

日常生活中，不論工作或私生活，許多人都只做固定的工作和已成習慣的事。每天做著同樣的事情，所以腦內只有用到特定的迴路。只有那套迴路得到強化，所以每天在做的事會進步。

打個比方，這就好比每天走同樣的路。我們每天上班、上學都是走最短距離的同一條路。既清楚需要多少時間，趕時間時心裡也有底：「五分鐘可以到達」。而且即使邊走邊看書或跟人說話也沒問題。對那條上班、上學的路瞭若指掌，簡直可說是專家。

相對於此，發呆就像是偏離正軌。雖然是繞道而行，非最短距離，但會經過什麼地方全看當時的心情，或者該說是取決於路徑。有時還會因此帶來意想不到的發現——「這種地方竟然有這麼棒的店！」、「沒想到這種地方居然有公園！」。

當DMN啟動，平時未使用的迴路就會連接起來。由於在此之前不相連的迴路被打開，於是會有新的發現和靈感出現。

這不是走最短距離的上班、上學之路，而像是走上岔路發現自己不知道的店家。只要你一直做著平時在做的事就不會發現。

牛頓看到蘋果從樹上掉下來因而發現「萬有引力定律」，也是DMN才有的神技。因為，據說牛頓看到蘋果落下時人正躺在院子裡，大腦完全是怠速狀態。因DMN處在容易運轉的狀態下，所以可說他是靈光乍現。

6 從潛意識牽引出創意

當DMN在運轉中，即使沒在思考具體的事物也會有念頭閃過腦海，「我看就這樣做吧！」，或是「原來有這招！」。經過研究和縮小範圍認為「應該還可以」的選項，最後下結論：「我看就是它了」並做出選擇，也是在DMN處於容易運轉的狀態時。

經過研究、縮小範圍，為有八、九成確定的選擇補上臨門一腳——。當你恍神進入DMN運作的狀態，這種情況就會發生。

此外，即使幾乎已有結論，卻忽然冒出至今不在選項中的構想，也是在DMN運轉的狀態下。透過研究和縮小範圍選定了「A」，結果腦袋放空時一個BigIdea「X」竟橫空出世，這同樣是因為DMN的運作使然。

這種情況是藏在潛意識深處連自己都徹底遺忘的訊息被牽引出來。可說是利用主軸過濾和收集情資都未能篩出的訊息，被DMN給硬拉出來。

把DMN想像成「一支釣」可能會比較容易理解。**有種拿支釣竿在潛意識的汪洋中垂釣，釣上像鮪魚這樣的大傢伙（BigIdea）的爽快。**先聲明，若不是在發呆的狀態，這種創意的一支釣不會成功。

當中的不確定性遠遠凌駕確定性（一定會釣到大魚）。即便如此，習慣這種釣法之後，慢慢就能釣到像鮪魚這樣的大魚，使確定性提高。

一般來說，有意識的思考想出創意就好比拖網漁法，在海中撒網捕獲大量的魚。可以捕到很多魚，但有大魚也有小魚，是一種玉石混雜的狀態。偶爾也可能沒有半條大魚入網。

它確實是很有效率的漁法，但不保證一定能捕獲大魚。看似確定性很高，但同時含有不確定性，這就是拖網漁法。正是有意識的思考。

選擇前發呆一分鐘

求職、決定要跳槽到哪家公司時，假使你經過研究、縮小範圍選定了目標，這時要再沉澱一下，而不是將它做成最終答案。安排一段發呆時間，什麼都不想，就會一下子得出結論：「還是選B公司吧！」

新商品的構想也是同樣的。做完研究、鎖定了標的，確定「這次應該就是它了」時，經過一段發呆、什麼也不做的時間，有時會突然冒出一個先前完全被忽略的劃時代構想：「對了！還有這樣的方案！」。那是原本埋藏在潛意識深處的念頭被牽引出來。

如果不是發呆，它很可能不會浮上水面。這樣的構想會浮出，從某個角度來說是奇蹟。而將它牽引出來的就是DMN。

就算再怎麼忙碌，選擇前一定要試圖讓腦袋放空，哪怕只是一分鐘、兩分鐘也好——。這會提高選擇的品質和準確度。

7 選擇的過程④制定「B計畫」

經過研究、縮小範圍、發呆之後，再做選擇。這選擇是經過自己思考的，是神聖的，任何人都不可侵犯。

即使被人嘲笑或懷疑：「這樣好嗎？」、「那種東西沒問題嗎？」，也不必動搖、退縮。那是你按照程序做出的選擇，所以請挺起胸膛堅持你的選擇、付諸執行。

到這裡為止是選擇前。對不會做選擇的人來說，想必是條漫漫長路，可是只要習慣了，就能順暢無礙。

不過，**選擇並非「做完就沒事了」**。選擇本身不過是個開端，不表示會有什麼戲劇性的改變。

如果當真想要改變什麼，接下來才是重頭戲。希望各位別驚訝：「什麼？還沒結束？」

為了取得結果，現在開始要做的事很重要。從這一小節起就是「選擇後」。有幾道程序，我會為各位一一說明。

第一道程序是「制定B計畫」。**所謂的B計畫，就是在最初的選擇（A計畫）不得不改變方針或是受挫時要執行的次佳方案**。換句話說，就是退而求其次。

原本照著A計畫去做是最理想的狀況，但情況生變，或有突發狀況發生時，就不得不調整軌道。這時若拘泥於A計畫，可能會使傷口擴大或受到致命傷。由於之前做的一切都會白費，因此要改為執行第二佳的方案。

因為是經過研究、縮小範圍、發呆之後做出的選擇，A計畫絕對是最佳解。這是無可否認的事，但並非百分之百可靠也是事實。

會有意外和偶發事件很正常。A計畫固然能夠承受這樣的意外，但有其限度。一旦覺得「再這樣下去不妙」，便需要改採B計畫。這也是一個選擇。讓我們朝令夕改吧！

有備無患

最理想的是在選擇的同時擬定好B計畫。畢竟下一步會如何難以逆料，非常有可能發生A計畫行不通的狀況。到時候慌慌張張的很容易導致情況更加惡化，陷入惡性循環。

如果不必用到它，那再好不過。說寧可「空有寶物而不用」，一點都沒錯。

即使這樣仍然建議大家要有B計畫，是因為可以安自己的心。**就算有突發狀況使得A計畫不管用，立刻改採B計畫便能將損害控制在最低限度，挺過那狀況。**這是以失敗為前提，但有它只有好處，完全不吃虧。當作「未雨綢繆」，私下預作準備吧！

8 選擇的過程⑤即刻執行

選擇後「制定B計畫」的下一步就是切實執行。可能有些人會覺得意外，**事實上多數人都是栽在此「執行」階段。**

所選的方案無法執行……。做了選擇卻無法因此得到結果的人，十有八九都屬於這一類型。

履行自己說過的話是言出必行，那麼執行決定好的事的「決出必行」，難度出乎意料地高。說話算數，但決定好的事卻不去做的人其實多到令人驚訝。也許你也是其中的一個。

何況**選擇原本就是為了付諸行動**。怎麼說都只是**執行過程的一部分**。如果最後沒有執行，那我就不明白你做選擇是為了什麼。

選擇和執行是一體相關的，或者說是銅板的兩面。各位要牢牢記住這一點。

怎樣才能將選擇付諸執行呢？說穿了就兩點。沒有特別的方法，且極為傳統。我將一一為各位說明。

第一就是馬上去做（即刻執行）。這就是選擇的第五道程序。

一旦決定「要做」，便馬上展開行動。這是將選擇付諸執行最可靠的方法。

在決定做一件事時立即行動。**選擇和執行之間沒有間隔時間**。這是最理想的狀態。

當你做了某個選擇並實際完成時，腦內會釋出多巴胺，於是想要「做更多」，使得行動不斷加速。這麼一來就會進入到一種多巴胺源源不斷被釋出的好的螺旋上升狀態，並逐漸朝著產出結果的方向發展。

不馬上做會往後推

舉個例子，如果你決定「參加東京馬拉松大賽」，就要盡早開始練跑，跑個兩、三公里，實際跑完大腦就會釋出多巴胺，於是更加積極，決定「明天繼續跑！」或是「明天跑五公里看看！」。

若能持續練跑，一點一點加長距離直到比賽當天，相信正式比賽時就能跑完全程。當然，實際跑完四十二點一九五公里時腦內也會釋出多巴胺。

決定「要做」卻沒有立刻行動，說什麼「明天再開始」的話，只會一直拖拖拉拉地往後延，使選擇失去了意義。說不定到了隔天又藉口：「今天天氣不好，明天再開始吧！」如此一再反覆。

就這樣，決定好的事以無法執行告終。**這世上有許多找藉口不行動的天才，多到數不清。**

馬上去做是將選擇付諸執行最好的特效藥。沒有比它更好的了。

9 言出必行是雙面刃

試圖做什麼事時，不少人會公開宣告：「我要做〇〇」或「我絕對要成為△△」。即一般所說的「言出必行」。

在藉由宣告提高自己的幹勁這層意義上確實有效，但也要看人。這種**言出必行適合像伊隆・馬斯克那樣的企業家**，對於一般人，我不太建議這麼做。

像伊隆・馬斯克那樣的企業家，轟轟烈烈地啟動具利他性的事業固然有鼓舞自己的用意，但同時也是為了從投資家那裡募得龐大的資金。即使是投資家，應該也有人是認同事業宗旨的，不過再怎麼說其投資都是期待獲利的利己行為。盤算和意圖就是像這樣混雜在一塊。

我不推薦還有一個原因。就是容易感覺「已經做完了」。

「我要做〇〇」、「要成為△△」……。

在如此宣稱的當下，當事人的情緒高昂，多少有些自我滿足。在腦中描繪實現後的情景，明明什麼都還沒做就感覺「已經做了」，有這樣的弊病。

對外宣告會有副作用

很遺憾的，只是宣稱「要做」，大腦也會分泌少量的多巴胺。這真是個大問題。

說出口的當下便感覺自己「已經做了」的典型人物，就是在夏目漱石的作品《三四郎》中出場的與次郎。與次郎是三四郎的朋友，宣稱自己「在寫一篇大論文」，卻沒有半點跡象顯示他有為此付出努力。

任何圈子裡都有像與次郎這樣的人物，大部分的人都只把它當耳邊風：「又在說了」，可是當事人卻以為自己「已經做了」，所以不會有心虛不安。對外宣告可能會伴隨這樣的副作用。

10 選擇的過程⑥堅持不懈

有件事實對選擇很不利，就是「要一段時間之後才會看到結果」。在追求短期成果的商業世界，人們對於好不容易做出的選擇無法耐心等待的傾向非常嚴重。

具體來說，人們寧可製造和目前暢銷商品一樣的東西，確保眼前的銷售額，也不打算製造具突破性的新商品……。新商品的開發不可能一週、兩週就完成，最少半年，一年以上不稀奇，甚至有些要耗時兩、三年。這種前景不可預料、不確定的事會讓人卻步。

最重要的是，穩紮穩打跟著目前暢銷商品的路線走能更快看到結果。況且那結果已具體可見。興趣和關心全轉移到可立即見效的一方，不斷地投入眼前的事物。這是選擇的吊詭；人類有一種心理，不論如何就是想避開得花時間的事物。

一旦只做容易看到短期成果、自己確定的事，成長的速度會趨緩，漸漸跟不上變化的速度。和因不能忍耐而吃掉棉花糖的小孩一樣。到頭來反而是從事需要時間才會看到結果的事物才能獲得成長，並增進自己的能力，能夠適應變化。

努力從事需要時間才會看到結果的事，就是增加自己的「進步空間」。因為不確定性高，成長潛力也大。

話雖如此，但確實沒有嘴巴說得那麼容易，所以許多人才會對於這麼做躊躇不前，或是做到一半厭倦了、失去熱情而陷入苦戰。相信也有不少人半途而廢。

繼續下去才會看到結果

選擇的第六道程序是，持續做到看到結果為止。為了取得結果，接著「馬上去做」之後登場的是「堅持不懈」。

任何事都一樣，**完成事情唯一的方法就是繼續做下去**。孜孜矻矻地持續進行，直到完成——。這是獲得結果最可靠的方法。

而且是到「執拗」的程度——。使用執拗一詞，也許有人腦中會浮現這種畫面：

「我明明拒絕了，他還是一直接近我。真是很煩的人，好討厭」……。

恐怕這就是一般大眾對這個詞彙的印象。我也不否認這一點。

然而我為何還要使用「執拗」一詞呢？因為不做到那種程度便無法完成具高度不確定性的事。下一小節我要來談自己努力了近二十年的事，當作一個例子。

11 增加確定性，因應不確定性

二〇一七年我出版了一本全部用英文寫成的書《IKIGAI》。托大家的福，這本書確定要譯成二十九種語言，在全球三十一個國家發行，日本的新潮社也會出版它的日文版。

我自己在日本也出過暢銷書，算是小有名氣的作家，因此要在國內出書並不是太困難。然而換作要在國外出書，我一個近乎無名小卒的人，沒有一家出版社會主動邀我寫書。

這對我是很嚴酷的現實。在國外出版英文書對我而言，不確定性實在太高。

這樣的我，相當久以前（二〇〇〇年代初期）便起心動念要用英文寫書。從那時起我就常常在酒桌上跟人說「我要寫本英文書」。一方面也是想藉由對外宣告給自己一點壓力，了解我的人恐怕多次在心裡暗笑：「又在說了」。

不過，我口頭上這麼說，多年過去卻沒有半本英文書出版。這樣就和《三四郎》裡的與次郎一樣。成了「放羊的中年大叔」，而非放羊的孩子。

如果要舉我和與次郎的不同，就是我一直在看不見的地方腳踏實地努力著。我為了實現在國外出版英文書這高度不確定性（＝不太可能做到）的事，一樣一樣地累積確定性高的事（＝做得到的事），勤勤懇懇努力了將近二十年。

具體地說，就是用英文寫論文；開設英文部落格。這些都成為我提升英文表達能力的練習。此外，我還與國外的經紀人見面，收集資訊、徵詢意見。我鴨子划水式地做了這些努力，所以和只是嚷嚷著「我要寫篇大論文」的與次郎不同。

剛剛所列出的努力對我來說都是高度確定性（＝做得到）的事。即使將這些事一件一件做完也不會突然就能做到高度不確定性（＝不太可能做到）的事。但**如果什麼都不做，永遠不可能做到也是事實**。

一樣一樣完成能力所及的事

我所做的就是一樣一樣累積確定性高的事。不確定高的事，換句話說就像是聖母峰那樣的高山。要到達那山頂，必須從山腳下一步一步往上爬。需要一步一步拾級而上

（做確定性高、做得到的事），才能登上聖母峰頂（＝不確定性高、做不到的事）。

我花費近二十年的漫長歲月累積確定性，最後實現了在國外出版英文書這高度不確定性的結果。回首前塵我明白到，要實現不確定性高的事，就是需要花費這樣漫長的歲月。

如果想要實現不確定性高的事，只有堅持不懈地一樣一樣累積確定性高的事。這可說是唯一的方法。

12 未放棄想做之事的堀江A夢

讓我再舉一個除了我以外的堅持不懈之人。堀江A夢——堀江貴文先生。

二〇〇四年堀江先生曾立志買下日本職棒的「大阪近鐵野牛隊」。以Livedoor社長之姿成為「時代寵兒」的堀江，因公開宣布要買下非他專業領域的職棒球團，當時被許多人批評是一種「自我炒作行為」。尤其是他看起來不像熱愛棒球的人，因此認真程度受到眾人質疑。

就結果來說這計畫後來觸礁，堀江自己也經歷一段震盪起伏的人生。正當所有人都淡忘了將近二十年前發生的事時，今年春天*，他突然宣布成立新球團「福岡北九州鳳凰隊」，並以加入職棒獨立聯盟「九州亞細亞聯盟」為目標。相信許多人都大吃一驚：「那個堀江A夢又打算經營棒球隊？」

選擇「後」

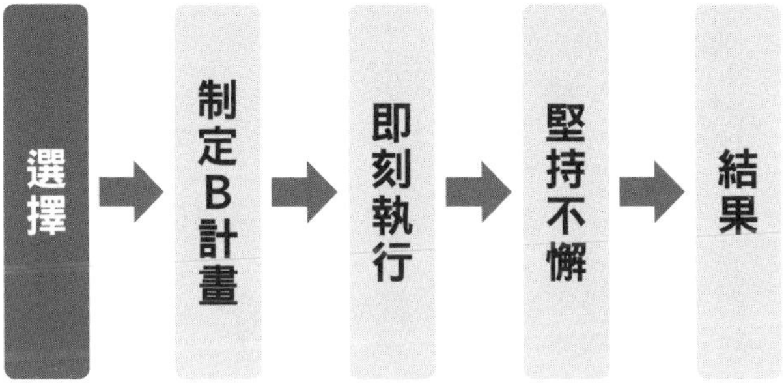

堀江二十年前就考慮經營職棒球團，其熱情絲毫不曾減退。決不是純粹基於興趣和賺錢之類的理由才想要經營球團。我和他談過後，發現他有很深刻的想法。

他這次要加入的是獨立聯盟，與有十二支職棒球團共同加盟的「日本野球機構（NPB）」是不同的組織。獨立聯盟裡有許多未與NPB旗下球團簽約，以早一日成為職業球員為目標的選手。

說起來就像是晉升職棒聯盟的踏腳石。此外，還有許多過去在職棒場上表現出色但被中途解約的選手，當中也有不少人力求再次挑戰職棒。兩者存在一種補完關係。

繼續追逐已折翼的夢想

說到堀江為何想要經營獨立聯盟的球團？一是以前就有的願望：「有朝一日想擁有一支球團」；另一個是人才的培育及交流。

他預期讓那些因傷不得不離開NPB的選手轉戰獨立聯盟，可以穩定他們的生活。待傷勢痊癒，也可以再次活躍在職棒場上。

再者，體育圈很容易有這樣的情況，只要與總教練或教練的想法不合，即使能力再好也可能上不了場比賽。簡單說就是被冷凍。

尤其是堅持自我風格的選手，一旦與總教練或教練唱反調，很容易陷入這種狀態。這在職場裡可能也一樣。堀江認為：「假使這樣的選手要被冷凍到死，不如有個地方可以讓他發揮」，因而試圖打造一個接收這類選手的場域。

這樣看下來就會明白，堀江加入職棒獨立聯盟的舉動其實具有「利他性」。這次沒有出現如買下近鐵當時的嚴厲批評，部分原因可能是那並非NPB，但似乎也有不少人感受到其中的利他性，認為這是皆大歡喜的事。

談到經營職棒球團，他本人也坦承夢想曾一度受挫。就當時的他來說，那是高度不確定性的事。

想必十多年來他用自己的方式做了許多研究吧，改變原本的形式，想出確實可行的計畫並準備付諸執行，那計畫就是加入職棒獨立聯盟。走到這一步之前，他肯定也做了許多高度確定性的事，一件一件累積。

我將判定「堅持力」的圖表放在下一頁供各位參考。一起來檢查看看吧！

＊指二〇二一年春。

堅持力評量表

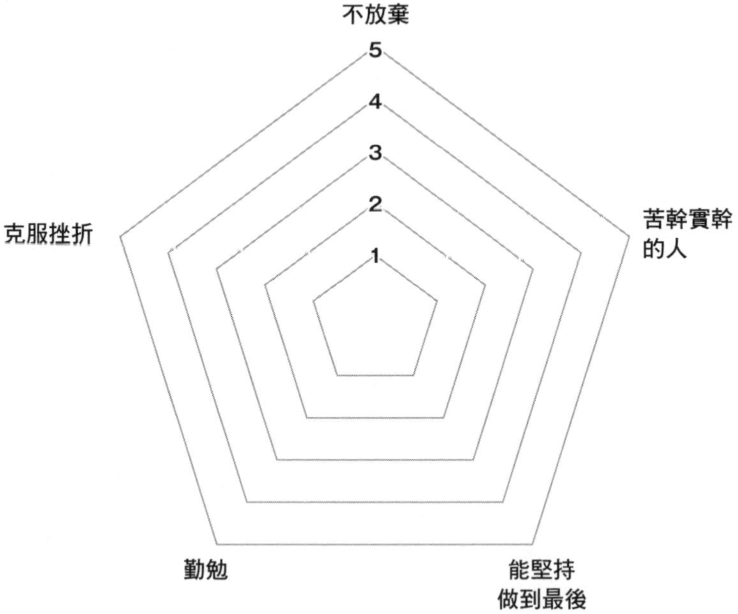

※檢查看看自己屬於何者、哪個等級（參考Angela Lee Duckworth所著《恆毅力》製成）

13 機會之神會對堅持不懈的人微笑

我說「選擇做自己喜歡的事有可能受挫」，這樣說好像不建議大家這麼做。不過我也說「假使想做自己喜歡的事，有方法」，因為只要「做確定性高的事，持續累積」就行了。那就是堀江先生和我一直以來在做的事。

如果你無論如何就是**「想做喜歡的事」，沒人有權利阻止你。**不管結果如何，做到自己滿意為止最重要。

不過，假使想獲得結果，不論需要多久的時間，或是形式改變，都只能持續做下去。做確定性高的事，一樣一樣累積，如此堅持不懈，不斷反覆。

不管別人說什麼，做確定性高的事，一樣一樣累積下去——。你終將看見高度不確定性的事實現的可能性。

最後左右實現可能性的是利他性。我在第二章談到最好不要以「喜歡／討厭」作為選擇軸，但累積確定性後再加上利他性，事情的發展會大不相同。即使是做喜歡的事，選項也會擴大。

即便是像棒球和足球這類競爭激烈的領域，如果以「利他性和不確定性」作為主軸，選擇就會增加，如指導小孩子打球或是當教練。抑或是從事職業球隊的經營管理；成為播報比賽的媒體人；成為部落格作家，深入淺出地講解比賽重點和球技。或許乾脆像我一樣，成為Youtuber，傳播運動競技的樂趣。

透過盡可能持續累積確定性高的事，再增添利他性元素的方式，機會之神將會對你微笑。

持續做著確定高的事，同時應付著不確定性並取悅他人——。成就一件事就是在這樣的時刻。

如果能透過這種方式完成一些事，自己喜歡的事也會慢慢實現。這方法適用於任何事物，而且任何人都做得到。

為了實現不確定性，總之就是累積確定性以提高選擇的準確度。藉由反覆嘗試從錯誤中汲取經驗，或是朝令夕改，以提高準確度。

在好時機積極投入

準確度提高後情況會如何呢？就是能掌握良機。機會之窗雖然會對所有人開啟，但未必會隨時敞開。它似乎多半時候是關閉的，偶爾才會開啟。**若能認清那個瞬間撲上前，就能抓住機會。**

我成功出版英文書《IKIGAI》和堀江決定加入職棒獨立聯盟，都是因為瞥見機會之窗開啟的瞬間積極投入的關係。順便告訴各位，對堀江來說，大阪近鐵野牛隊最後收購失敗，部分原因就是他試圖硬要打開機會之窗的緣故。

暱稱「Gakki」的新垣結衣和星野源宣布結婚喜訊之時，我真切感受到機會之窗的開啟。對高人氣的兩人來說，不論在工作行程或生涯規畫上，大概只剩二〇二一年的春天有時間結婚吧。對兩人來說，這就是好時機。

看見結婚的機會之窗開啟，立刻撲身上前抓住機會……。我猜想兩人在結婚這件事上都做了這樣的選擇。

這是我的猜測，機會之窗並不會隨時敞開。**除非平時一直在提升選擇的準確度，否則無法在好時機果斷地選擇撲向那扇敞開的窗口。**

每天不斷自己做選擇的人，和完全由他人替自己做選擇的人，當他們站在機會之窗前親眼看見它悄然開啟……。何者能果斷地撲上前去應該不用我說吧。機會之神只會對持續不斷做選擇的人悄悄開啟大門。

本章小結

- 只要根據主軸進行研究就能找到正確答案，不會陷入「感覺已經做過了」的泥淖。
- 不用消去法，而是就優點進行比較，以淘汰賽的方式縮小範圍。
- DMN（預設模式迴路）一旦進入運轉狀態，腦中很容易閃現Big Idea。
- 在下結論前試著發呆一分鐘。
- B計畫有備無患。即使最後無用武之地也沒關係。
- 選擇和執行是一體的兩面。
- 決定的事就馬上去做。並且要堅持不懈。
- 選擇的準確度不斷提高後，將能夠抓住好時機。

第 5 章

使大腦會做選擇的七項訓練

1 日日是選擇，訓練在任何情況下都有用

前面談了選擇的過程，及必定付諸執行的程序。只要遵照程序走，任何人都能做出選擇且採取行動。

即便是不會做選擇和不想做選擇的人也沒問題。這樣的人反而更要按部就班地進行。只要照著程序走，相信就不會再逃避選擇了。

選擇後稍微完成一點什麼，腦內就會釋出多巴胺，於是能毫不遲疑地不斷做下去。執行自己做的選擇會讓自己成長，大腦也會因此活絡起來。

就算沒有結果也不會白費。若能汲取經驗應用於下一次，那就夠本了。

即使要增強遵照程序做選擇的技能，也要花費一定程度的時間。而且不同的人會有快／慢之別。

也許有人會懊惱別人已學會做選擇，自己卻還老是猶豫不決……。因此我將公開

幾招可以每天實踐的簡單訓練法。

讓大腦變得「會做選擇」

這裡提出的是能應付日常生活各種場面的方法。我自認列出的全是普遍通用的方法，但當然會有「合、不合」的問題。若有適合自己的方法就採用看看吧。

如果能照著下一小節介紹的方法練習，被迫面臨重大抉擇的場面也能迅速推導出最佳解：「就用這個！」、「就是它了！」這是你的大腦變得「會做選擇」的證據。**選擇腦不是一天造成的**——。腳踏實地持續行動，總有一天你將能掌握選擇力。

2 訓練① 看完菜單馬上決定

我常常在世界各地和日本國內飛來飛去，外食的機會很多。有時獨自用餐，有時也會和一起工作的人聚餐。

我原本就愛吃，因此出差時只要有機會品嘗當地才吃得到的餐點，便高興得不得了。這是造成我現在的體型的一個原因，此事就別再深究了吧。

「好想快點品嘗美食。」

我看到菜單，不出幾秒就會決定好「我要這個、這個和這個」，然後進行點菜。經常看到有人看遍菜單每個角落，想像「那是怎樣一道菜」，或是一邊問人「這個怎麼樣？」、「這道也不錯耶？」，一邊做決定，我很怕這種人。

部分原因是我是個急性子，**總是看一眼便立刻決定**。這是我外食的風格。偶爾也會遇到因送來的餐點和想像的截然不同而嚇一跳：「呃，原來是這樣的菜喔？」這也是一種驚喜。

送來的餐點和想像的不同，是給大腦的驚喜

品嘗不曾見過、吃過的餐點是在挑戰新事物，因此大腦會釋出多巴胺。如果那餐點很美味，大腦會再次分泌多巴胺。對大腦來說也是有雙重好處。

看了菜單立刻點菜是一場驚喜與美味的二重奏——。因為可以一次分泌這麼多的多巴胺，所以是提升選擇力很好的訓練。

3 訓練② 不斷嘗試新事物

不管做什麼，試圖嘗試新事物即是踏入未知的世界。它充滿不確定性，不知道在此之前培養的技能是否管用。畢竟是走向一種神祕地帶，內心或多或少會感到不安。

「做比較好？還是不做比較好？」

會這樣舉棋不定，就是你打算嘗試新事物的證據。試圖嘗試新事物的人總免不了會猶豫。

這時若能**拋開猶豫，選擇挑戰新事物，將會踏上成長之階**。雖然不知道會持續到什麼程度，但在選擇挑戰新事物時即已一腳踏入不確定的領域，所以就繼續奮勇前進吧！說不定會出乎意料地輕易達成；假使嘗試之下結果不理想，改採B計畫就行了。

就算結果不佳，可是不去做便無法親身體驗，因此對增廣自己的見聞會有幫助。而且也可以用別種形式活用那經驗。

順應改變的趨勢

假如你在選擇時有全新事物和以前做過的事兩個選項，理當毫不猶豫地選擇前者。只要你做過一次嘗試新事物的選擇，即表示你已能夠選擇「試試看」，即便很多時候都沒有得到好的結果。

做出「嘗試新事物」的選擇會使大腦產生變化。當我們親眼見到以往不曾實際見過、聽過的罕見事物時，潛意識會誘導我們往「嘗試」的方向走。

所謂的變化，大致上都是隨著新趨勢一起到來。你愈是嘗試做些新的事物，便愈容易跟上趨勢，順應變化。

4 訓練③當場回答

我平時也會上電視節目、演講、出書，常常與負責人員開會磋商。當我在會中若無其事地拋出想法：「這點子怎麼樣？」時，經常會得到這樣的回覆：「這個不錯耶！讓我帶回去研究一下」。

「啊？現在當場決定不就好了」……。

我自己真的這麼認為，但對方想必有各種苦衷吧。即使我在的時候當場決定「就這麼做！」，回到公司向上司報告「我們想這樣做……」，被上司打槍：「這樣不行」、「這很燒錢吧？」、「你負得起責任嗎！」的話，立刻被束之高閣。因為實際存在這樣的風險，所以無法當場立即決定。

有時經過一個月才收到「前些時候那件事上頭終於批准了」的回報，可是我早已忘得一乾二淨。等我想起來時，大腦可能已不會分泌多巴胺了。在這一個月期間日程已被填滿，真正展開行動是三個月或半年以後的事。要是當時當機立斷「就這麼做！」就不會變成這樣……。馬後炮。

養成馬上行動的習慣

每個人都會面對不知道有多少成功機率或必須獲得上級批准這一類的情況。明知會有這樣的風險仍然決定「就這樣做」是一種高度不確定性的行為。不過，在幹勁高昂之下比較容易立即行動，實現的可能性至少比帶回去研究、一個月後才開始要高得多。

決定「就這樣做！」之後要立刻動起來——。若能養成這樣的習慣，要實現自己的選擇便輕而易舉。不能當場做決定的磋商根本沒有意義。

5 訓練④放手一搏

繼續前一小節的話題，我自己主持的廣播節目也不開會。有來賓時，工作人員和來賓之間會事先商議，我本人完全不參與。工作人員都知道我討厭開會，也就遷就我。

因此，我和來賓的訪談都是未經排練的即興演出。當然，如果這位來賓有出書或CD之類的作品，我一定會先看過、聽過。我會做的只有這樣，僅吸取最低限度的必要訊息。

而正式訪談的情況如何呢？有種聽其自然的感覺。我作為主持人會將當時感受到的直接問來賓，引他說出內心真實的想法，並預見藉由這種方式能挖掘出他不為人知的魅力。

在節目中我一邊訪談一邊逐一做選擇：「再多挖一下這部分」、「他對這話題好像不感興趣，就問問他○○吧」。**放手一搏就是一連串的選擇**。我想這除了會讓主持功力大增，也會促使自己成長。

我開始採用這種風格是受到在英國BBC電台受訪的經驗影響。那次訪問事前沒有任何商議，正式播出前工作人員領我走進錄音室，主播開口第一句便說：「Ken，今天要請你聊一聊第一次買車的經驗。」我對這預料之外的問題大感詫異，但我開始回想並聊起二十多年前買的那輛中古車，到現在我還清楚記得當時的談話。

這讓我深切感受到，原來在全球深具影響力的媒體「做事很乾脆，不會跟你事先商量的」。正式訪談中我也繃緊神經，心想：「這訪談可是真槍實彈的對決！」

使大腦去抑制

放手一搏充滿不確定性，說不準會發生什麼狀況。因無法預測，每當狀況改變就必須做選擇，對大腦也是沉重的負擔。**試圖在這種受限制的情況下發揮自己擁有的力量，就只能「去抑制」——突破極限。**

不是讓自己的力量百分之百發揮，而是要發揮到百分之一百二十。做到這等程度的去抑制，就能應付預料之外的狀況，並有可能獲得結果。

透過去抑制使自己潛藏的能力更容易發光發熱，是放手一搏的一個面向。當然也不能忘記，平時就要累積確定性，以提升效果。

放手一搏也可說是考驗選擇力的終極訓練。經驗愈多就愈有能力做選擇，絕對不會錯。

6 訓練⑤在社群網站（SNS）上發文

推特、臉書、IG……。智慧型手機普及，加上各式各樣的媒體興起，現在很多人都在使用社群網站。日本人似乎尤其愛用，可說是進入到「一億總SNS*」的時代。

資訊傳遞更加快速和SNS普及也不無關係。真訊息和假訊息同樣在轉眼間傳播開來……。SNS之所以是「雙面刃」，即在於它是真假難辨的訊息傳播之地，因此確實更加需要智慧。

在SNS上發文也會成為增進選擇力的訓練。發什麼文會引起話題？相反的，怎樣的發文會遭到撻伐？……。SNS正是能夠親身去感受這些的地方。

SNS上的反應佳，代表那則發文對讀到的人有用。可以輕鬆完成的食譜是其中之最。另外，以為「網友會喜歡」而發文，但畢竟只是自己的判斷，是否真能吸引人按「讚！」很難說，因此充滿不確定性。

只要依據利他且不確定的主軸發文即能獲得網友歡迎，並使選擇力得到磨練。在SNS上發文可能會是一舉兩得。

要發什麼文即是選擇

相反的，會遭到撻伐的發文指的是對讀到的人沒有幫助的發文。自我誇耀、「我今天做了○○」這種日記的延伸、批評別人、假訊息等都是會被網友圍剿的材料。難得有人看，卻不料批判性的留言蜂擁而至，不知不覺就變成圍剿狀態。

會引起話題嗎？還是被圍剿？……。如果每次發文腦中都有這樣的考量，你將有能力做出「這則貼文要發／不要發」的選擇。在SNS上發文是最切身的增強選擇力的訓練方法。

*即九成左右的人都在使用SNS。

7 訓練⑥ 擔任活動幹事

迎新、送舊、慶生、祝賀得獎……等等。這一類活動對任何人來說都是人生的轉折點，不論歡喜和悲傷都想與人分享。

為某人辦一場宴會，光是這樣就具有利他性。雖然這麼說，但卻無法預測會有多少人參加，充滿不確定性。

舉辦宴會最重要的就是要博得主角開心。既然要辦，就要吸引一定數量的人來參加，否則會讓主角覺得沒面子、難過。

也不是說只要吸引大量的人參加就好；好不容易來了卻沒有時間和宴會主角暢談，參加者會心生不滿：「早知道就不要勉強來參加」。這不滿最後會被轉向宴會的主角，真是躺著也中槍。

讓賓主盡歡、心滿意足——。活動的幹事要擔負如此重任，因此很少有人願意幹。

有三樣獎賞

舉辦的時間和地點、邀請對象、座位安排、餐點選擇、請誰致辭、預算多少、餘興節目的安排等，有許多事必須做選擇。這些事要一樣一樣決定，對訓練來說綽綽有餘。

即使是自己人的聚會**也有一些事要決定，因此選擇力可以得到鍛鍊**。雖然也有抽中下下籤的一面，很少人想做，但正因如此，更要自告奮勇說：「我來做！」

假使辛苦舉辦的宴會以成功收場，多數參加者也都表示「很愉快」，那一剎那所有的疲憊就會煙消雲散，而且會釋放出多巴胺。

參加者的笑容、感謝的話語和選擇力——。活動幹事會有這三樣獎賞。

8 訓練⑦ 妄想

說不準何時何地會派上用場，或許完全白費力氣……。最後我要為各位介紹這種稱不上是實踐的訓練。那就是妄想。

每個人平時就會妄想。說這世上沒有人不會妄想並不為過。

「真希望能中彩券。」

「真希望能跟仰慕的明星結婚。」

「我以後要當社長！」

「我去東京後要成為大人物！」

姑且不論好壞，在腦中想像一些基本上在那當下不太可能實現的事就是妄想。雖然會被旁人說一些可以當它是嘲笑也可看作忠告的話語，如「你在說夢話」、「面對現實吧」、「哪有可能做到」，但並非完全沒有實現的可能。萬分之一，不，一億分之一的可能性也是有可能實現的。

不確定性實在太高，最後無法實現的可能性雖然大，但妄想本身是件很愉快的事。從當事人的角度來看，能否實現或許反倒無所謂。

讓我們來講一些稍微有點確定性的妄想，而不是那種脫離現實的妄想。以《便利商店人》獲得芥川獎的村田沙耶香，據說很愛為自己喜歡的電影或影集想像許多不一樣的情節。

比方說，要讓《法蘭德斯之犬》有個圓滿的結局，故事應該怎樣修改……。只要有時間，她就會沉浸在這樣的妄想中。

這部沒人看了不落淚的名著，要一百八十度地翻轉它的結局可是相當費勁的事。要讓故事沒有任何矛盾、牽強地展開，並走向圓滿的結局，不能缺少妄想力。

「這地方如果這樣改」、「主角在這地方應當做這樣的選擇」……。

想一想，就是看完電影或戲劇後，和朋友一起聊一聊感想，像吐槽似的：「更○○○○會比較好」、「真希望可以○○○○」。這也是妄想。

所謂「這樣做比較好」就是一種B計畫。**這是透過思考在現狀上加些什麼、減些什麼可以讓它變得更好的方式想像與現實不同的情況，所以是名正言順的妄想。**

「第三方案」比較容易浮上水面

若問妄想能立刻有什麼幫助嗎？基本上可說「沒有」。即使你東想西想試圖讓妄想成真，但在日復一日的忙碌中，久而久之便將它擱在意識的角落裡。可它不會消失，而是落入潛意識的海底深處。

畢竟是讓妄想成真的計畫，不可否認會有非現實、異想天開的一面。但這不表示它毫無用處，而是要挑時間和地點。只要陷入某種狀況，在對的時機也不是沒有可能成為最佳解決方案。

至於我為何要推薦大家做這樣的訓練，是因為在選擇前的「發呆」階段可能會有Big Idea浮現，也可說是第三方案。妄想的內容大量沉澱在潛意識中。當你在思考完全不相干的事時，它可能會作為新點子被牽引出來。

存在於潛意識底層的是我們親身經歷、思考過的事。**它們平時潛藏在底層，但在某個契機下，明明毫不相干卻會突然浮出表面成為意外的解決方案。**這些都是因為做過妄想訓練。儘管很罕見，但偶爾也會有如擊出反敗為勝的滿壘全壘打，獲得戲劇性的成果。

說不準何時會派上用場。也不知道是否具有實效性——。

妄想訓練雖然有這樣的一面，可是當你迷上它就會產生效果，可說就像奇蹟發生一般。別想那麼多就試試看吧，如何？

本章小結

- 訓練大腦，讓它變得「會做選擇」，得出好結論的準確度就會提高。
- 看菜單也能毫不猶豫地立刻選定餐點。
- 如果要在做過的事和全新的事之間選一個，要選擇後者。
- 會商時決定「就這麼做吧」，要立即執行。
- 不預做準備，聽其自然。
- 傳遞對人有用的訊息。
- 自告奮勇擔任活動幹事，會有美妙的獎賞等著你。
- 在妄想過程中，有時會忽然浮現「還有這招」的第三方案。

第6章

幫助組織獲得成果的決策法

1 會做選擇的組織需具備什麼

本書的最後，我要稍微談一下組織的選擇。在經濟泡沫化以後「失落的三十年」間，無可否認的，日本企業與國外的企業相比已大幅落後。

只要看全球股市市值排名內的日本企業數量即可明白這一點。一九九〇年代榜上有名的企業有三十家，全球市值排名第一的是NTT。到了二〇一〇年代，數量銳減到只剩TOYOTA汽車一家上榜。**活躍全球的企業數量減少與日本經濟的低迷不振直接相關，這麼說並不為過。**

其原因眾說紛紜，但如我一再談到的，我認為原因出在「選擇力不足」。「這也不是、那也不是」、「該怎麼辦？」，一直做不了選擇就只是在浪費時間。或是錯失了機會，令人惋惜。

即使是經濟泡沫化導致的呆帳也是一再拖延不處理，因而發生大筆金錢和時間上的損失。一旦要做某個重大的決定，立刻有人發出反對的聲音，大大限縮可做的選擇，而這些選擇會帶來行動和解決方案，因此始終到達不了執行那一步。相信各位見過無數這樣的場面吧？

「無法做選擇」已病入膏肓，這就是二十一世紀的日本。這體質不正是導致行動速度緩慢，大幅落後於世界變革的原因嗎？

正因為原本就不善於選擇，企業所做的決策才會拙劣到嚴重拖延日本順應變化的腳步，待發覺時已落後世界一大截，幾乎已經很難追得上了。

一個組織缺乏選擇力比個人缺乏選擇力更難治癒。具有選擇力和行動力的領導者再怎麼努力也無人響應。難得領導者具有選擇力，四周的人卻不願動起來而感到心力交瘁，如被逐出似地離開組織……。應該有不少這樣的案例。

光靠領導者無法改變組織

光靠一人努力很難讓組織改變。有選擇力和行動力的人巧妙地帶動沒有反應的人，使組織變得會做選擇——。這不是一朝一夕能做到的事。

要讓組織變得會做選擇沒有魔法。唯有踏實、勤懇的努力。我將提供幾個腦科學上可能有效的方法，如果你能反覆試驗，在組織中實踐這些方法，那將是我的榮幸。

包含領導者應該做的事和第一線人員應該做的事兩種取徑。下一節起我將逐一介紹這些方法。

2 組織做決策需要什麼① 提出明確的方向

以搞笑藝人出道，現在身兼繪本作家、演說家、動畫創作者等多重身分的西野亮廣，高舉著「超越迪士尼」的目標。當他公開如此宣稱時，不出所料遭到很大的抨擊：「哪有可能做到」。

姑且不論他製作的動畫電影《煙囪小鎮的普佩》評價如何，我們應當真心肯定西野的氣魄——提出「超越迪士尼」的目標並為了那目標而努力。

西野本人並沒有像迪士尼那樣的動畫製作公司。電影《煙囪小鎮的普佩》是由一群認同他的生活方式的人製做而成。要讓不同背景的一群人朝著一個目標前進，最重要的是必須明確指出方向。

「要超越迪士尼。」

因為已如此宣稱，對聚集而來的人而言，很清楚應當努力的方向。一旦朝著同一個方向前進，慣性定律就會起作用，因而能順利進行。

我提到選擇力不足是日本企業低迷不振的原因，但深入挖掘之下會發現，這些企業並沒有一個明確的方向。明明只要指出一個方向，組織裡的人就會全部往同一個方向去，然而日本企業卻是忽東忽西變來變去，只是在轉圈圈。這樣的狀態一直持續，說不定現在依然是進行式。

如果有明確的方向，就能懷抱希望：「只要朝著那個目標前進就行了」，做不做得到另當別論。領導者尤其必須清楚方向，以便為追隨者揭示希望。順帶一提，「主軸」會是決定方向的關鍵。

核心人物不在了也能繼續前進

西野立定的目標迪士尼，是在華特・迪士尼指出的「打造夢想王國」方向下逐漸發展起來的。然而迪士尼成為全球人人熟悉、獨一無二的內容企業，其實是在華特去世以後。

華特雖然創立了電影製片廠和迪士尼樂園，但他應該做夢也沒想到後來會發展像今日這般包羅萬有，甚至涉足網路事業的大公司。現在的迪士尼已巨大化，是華特在世時的數倍、數十倍，但依舊承襲著他當時提出的方向。只要提出明確的方向，而且那方向是正確的，那麼即使當事人已不在，後繼必定有人。迪士尼就是最好的例子。

即使核心人物不在了，只要提出明確的方向，留下來的人便不會迷惘。對參與其中的所有人來說，方向也是個定心丸。

西野說要「超越迪士尼」，但目前尚在逐夢途中。即使如此，追隨者只要朝著那方向去做，經過數十年或數百年也許就能超越迪士尼。

一旦有了方向，儘管人事更迭、時代改變，仍舊會被承襲下去。它就是這麼地強韌。

3 組織做決策需要什麼② 決定死線

「還有時間，不用著急。」

本以為可以從容不迫，沒想到時間在不知不覺中流逝，一回神，暑假已近尾聲。

「糟糕！什麼都還沒做！」

暑假即將結束才開始寫作業……。也許有些讀者孩提時代也有過這樣痛苦的經驗。或者，可能也有人曾幫忙孩子趕作業。

日本的組織到處都在發生像這種小孩在暑假尾聲才急急忙忙做功課的情形。有多少人敢說「自己的單位沒問題」？

決定死線是群體決策時一定要做的事。換句話說就是要設定截止時間。

這是自己給自己一個必須在什麼時候完成的壓力，稱之為**「時間壓力」**。

一旦你自己定出最後期限，就是自己做了選擇。不但如此還公告周知的話，組織內便充滿不論如何非決定不可的氛圍。由於會承受雙重壓力（時間和組織），使得效果立刻顯現。

在規定的期限前照著選擇的程序去做。經過「研究→縮小範圍→發呆」這一道道程序，在設定好的最後期限前做出選擇。這沒有什麼困難的，不論是誰或是任何組織都能做到。

可能有人會有疑問：設定截止時間「不會變成催促嗎？」確實含有這樣的面向。雖然這麼麼說，但這不是完全不講道理。

如我在第一章談過的，速斷速決和深思熟慮最後得出的答案是一樣的。如果不定出期限，實在很容易就傾向深思熟慮，想要預留許多時間進行徒勞無益的思考。

真的在思考倒也還好，然而事實上經常發生預留大量時間，卻為了其他事而分心，或做著完全不相干的事，無法專心去得出結論。或者很可能花了許多時間思考，結果冒出反對意見，議而不決。

如果速斷速決和深思熟慮的答案都一樣，當然趕快做決定比較好——。不論個人或群體都是如此。

一旦拖延，會被迫抽中鬼牌

決定死線便能營造出一種試圖得出結論的氛圍。逐漸適應之下，自然而然就能在最後期限前順利做出選擇。

我要舉個不決定死線的壞處。那就是沒得選擇。

如果只有時間一分一秒地流逝，什麼也無法決定，必然會漸漸落在人後。由於情況變化快速，而且一直在加速中，因此會徹底被拋在後頭。

不僅是跟不上速度，應當採取的對策也會漸漸受限。可以怎麼做的選項會逐漸減少，趨近於零。最糟的情況是可能只剩下一個選項，而這選項本來是絕對要避免的。

在早一點還能做選擇的階段有許多選項。要怎樣修正軌道也都可以。很遺憾，做不了決定讓時間白白流逝，那些選項就會在轉眼間消失。

這跟「抽鬼牌」玩到最後只剩兩人的情況相同。拖拖拉拉不做選擇，最後就是被迫抽中「鬼牌」。

4 組織做決策需要什麼③以全體一致為目標

美國法庭在判定被告有罪或無罪時，是以全體陪審員都同意為原則。由於陪審員的背景各不相同，所有人的意見順利達成一致的情況恐怕不會發生。

在全體同意作成無罪或是有罪的判決之前，大家會就意見展開唇槍舌戰。電影《十二怒漢》便刻畫了那樣的場面。

陪審員是左右審判中被告一生的人。他所做的事會決定別人的一生，因此無法輕易得出結論，且責任重大。

假使經過這樣的爭論後所有人達成一致的意見，其分量也會相應地增加。反過來說，**若能經過徹底討論，即使是背景相異的一群人也能達成共識。**

我深知在變化快速的時代要大家「以全體一致為目標」，肯定會有人跳出來反駁：「沒辦法這樣好整以暇」、「這樣會更慢下結論」。即便是美國的陪審團制度也要經過數日，有些情況甚至要花上數週的時間才能做出判決。

因此，任何議題都追求全體同意到底是不切實際。不過在一些重大事情上，如決定公司的發展方向，或以公司的未來作賭注投入某項事業，理當以全體同意為目標。因為**在這類重大議題上不可倉促行事，光憑高層「一聲令下」做決定，日後會留下禍根。**

假使具有超凡魅力的領導人宣布「就這麼做」，不惜賭上公司的未來也要投入某項事業，你即使內心反對也不得不服從。這種讓人「把白的說成黑的」的氛圍正是所謂的陽奉陰違。相信全公司會團結一致奮勇前進，但能不能成功就是另一回事。

以「沒時間」、「趕時間」為由採用多數決也是同樣的情形。試圖讓人服從多數意見即是一種蠻橫的行為。說什麼「已花了○○小時審議」，最後以多數決通過法案的情況在日本國會很盛行，不過這是多數暴力。應當提高取得共識的占比。

讓取得共識占更大比例

「追求全體一致」算不上什麼理想論，有心想做就能達成。只要徹底做到「提出明確的方向」，就能漸漸凝聚共識。

此外，若能建立「決定死線」的習慣，全體成員心裡都有得出結論的想法，並對議決之事做出承諾。只有重大事項，而非所有事都要全體同意。**若能形成重大事項要有共識的風氣並建立制度，做各種決定時就會更深入地討論。**

匯集各種意見再進行篩選，這樣的選擇過程也會慢慢落實到整個組織，使得選擇的速度加快。要是不順利就再繼續討論，修正軌道就行了。

全體同意即是「遇急事，繞遠路」。這也是讓一個組織變得會做選擇的捷徑。

5 組織做決策需要什麼④
以全體的利益為優先

「我無法接受這種決定」、「這樣的話我們部門很難做」、「什麼嘛！就只有你們爽快不是嗎！」……。

日本的組織經常會看到「業務部V.S.製造部」這類部門之間的對立。許多組織內之所以會看到這種對立，是因為我們都會優先考慮自己。

尤其是商品銷路不好時，怪「業務的手法差勁」或「做不出好賣的產品」而避談自己的責任更是大行其道。這樣會阻礙雙方的成長，不斷出現像開頭那樣本位主義式的發言。

組織是一種生命體。優先考慮整體的成長是應該的，但如果分得的少或犧牲很大，心頭就會湧起「怎麼只有我們遇到這種事……」這種受害者意識。

即使理智上明白「要優先考慮組織整體的利益」，可是一旦會對自己造成損害便無法接受。這很正常，因為會同時帶來具體的損害，這部分我希望各位能換個角度思考。

過度以整體為重會導致一部分人蒙受損失。領導者必須認知到這一點。

領導者必須同時對蒙受損失的一部分人說明以獲得諒解。以「這是規定」為由硬幹到底會留下後患。要是強制執行，等於是強迫一部分人犧牲……。

組織內也要追求利他性

這時比較能讓蒙受損失的一部分人接受的是利他性概念。以並非只有壞處來打動他們。

「你們雖然蒙受損失，但對組織整體卻有好處。只要組織成長，你們也終將受益。所以現在務必請你們配合」……。

像這樣訴求，相信蒙受損失的一部分人會真心被說服，**並開始感到自豪——我們不是被犧牲，而是對組織的成長做出貢獻**。

組織整體齊一式地成長很困難。內部參差不齊是不可避免的事。

以全體的利益為優先自是當然，但同時也應該盡量避免出現差距和不均。萬一產生這樣的差距時，領導者就要加以補救，不能大意。

6 組織做決策需要什麼⑤匯集多樣的人才

匯集各種各樣的人才對組織今後的成長至關重要。**盡可能多找一些背景相異的人加入組織，對收集多樣的意見會有幫助。**

假設你想要開啟一項新事業為此徵求創意，按理應該是百花齊放的狀態。如果只出現類似的創意，就表示多樣性過度缺乏。或是，那些創意都未超出既有的價值觀和思維方式。

畢竟是創辦新的事業，若不是大幅超出舊有框架的構想，不僅成功希望渺茫，而且會變得只能在紅海中與競爭對手浴血廝殺。因此超出的幅度多大是成敗的關鍵。

會說出「沒有前例所以不行」的組織，創意的產出會逐漸萎縮。不如說，好的創意只會出現在「這種事有可能嗎？」、「我從沒看過也沒聽過這種事」這樣意見紛飛的組織。為此果然還是要多招攬背景相異的人才。

多樣的價值觀適度混雜

在全球不斷推出優秀內容的Netflix不是只招攬美國的人才。那裡真的是聚集了全球各地的人才。

來自全球各地創造力高強的人才匯聚，各種各樣的價值觀適度混雜，新事物被創造出來——。Netflix現正進入這種良性的螺旋上升狀態，產製出眾多優質的內容。

「多樣性太高，意見整合不會更加困難嗎？」

假使有人這麼認為，那是杞人憂天。要廣泛招攬各種各樣的人才並使他們齊心協力，只需提出明確的方向就行了。只要做到這一點，即使是背景各異的一群人也不會招致混亂，不僅不會混亂，組織還會愈來愈活潑。

7 組織做決策需要什麼⑥權力下放

我在二十多年前為了去劍橋大學深造而造訪英國，這是發生在當時的事。我只帶了護照，和我在劍橋的指導教授霍雷斯．巴羅（Horace Barlow）的推薦信。

出發前我向霍雷斯．巴羅確認是否有其他該準備的文件，他只說：「有那封信就沒問題了」。我心想：「是他說的，應該錯不了」，便放心地從日本出發，但內心一直很忐忑：「要是入境審查被攔下怎麼辦？」

抵達英國後，我告知入境審查人員我是來劍橋留學，以及擁有霍雷斯．巴羅的推薦信。我也做好最壞的打算，就是被帶到另一個房間盤問東盤問西然後跟我說「不准入境」，不料，對方看完那封信就爽快地放行了。簡單到讓我幾乎覺得有點掃興。

如此大度，在出國旅行變得更為困難的現在幾乎無法想像。若是現在，八成要先詢問過外交部，被留滯在機場好一段時間吧。

會批准我入境，是因為現場的審查人員握有權限。只要第一線人員有權做決定（准、不准，或是選擇A或B），事情就會進行得很順利。

所有事都發生在第一線。**第一線若能決定怎麼做，問題就會很快解決，並能迅速採取對策。**

第一線有履行責任的義務

權力下放到第一線在群體決策上至關重要。如果由遠離第一線的高層決定所有事，行動和選擇都會很緩慢，不可能做到迅速解決或先發制人。

即使第一線人員被授予權限，也不是一切就稱心如意。有選擇的地方就有責任。第一線人員有義務要履行責任。

如我在第一章談過的，責任可以分成三種。說明責任、執行責任、結果的責任。**將權力給第一線人員，第一線就要負說明責任與執行責任，高層則要負結果責任。**負有說明責任和執行責任的第一線若能迅速做成決定並執行，就會看到結果，即使不是百分之百。第一線若能取得結果，除了身處第一線的個人，整個組織也都會成長。

好處是有，但壞處也不多——。這就是將權力下放到第一線。選擇「交由第一線負責」的是高層。被託付責任的第一線則依自己的裁量選擇、行動、獲得結果。這樣的循環若能順暢運作，高層和第一線就會雙贏。

8 組織做決策需要什麼⑦ 事前疏通

要讓組織變得會做選擇，有些事是高層能做的，有些事是第一線就能做的。我接下來要談的是第一線能做的事。這部分和許多人有關係，因此感覺大家會比較關心。

我只談具高度實效性的事。讀完之後可就不能再說什麼「底下的人拚命幹，上頭的人卻……」的藉口或遁辭。

組織做決策會不順暢，不單是該群體特有的情況使然，而是普遍存在一種做不了決定的結構。大致可歸納成兩種類型。

一是選項個個「不上不下」。這表示組織內產出創意的土壤尚未成熟。經過研究、縮小範圍、發呆的一連串程序後，將得出的答案當作選項提出，就會比較容易做決斷。

另一種是「顧此失彼」這一類組織內的對立和傾軋。如前所述，常會聽到業務和製造，或是銷售和商品開發等部門之間關係不睦的情況。

為了避免這種毫無意義的對立，能夠選擇就組織的立場看來的最佳解，事前疏通必不可少。聽到事前疏通，可能有人會懷疑：「檯面下的溝通，最後不是很容易做出『加總除二取平均值』的決定嗎？」但並非如此。

向對方揭示好處

傳統日本式的事前疏通也許會變成這樣，但這裡所提倡的是更為細緻的做法。可以說是混合式疏通。

這種做法是直接與持不同意見的部門關鍵人物交涉。但不是去申明我方的意見，而是要強調對對方有何好處。

「這構想是我們提出的，對我們部門有這樣的好處。麻煩的事由我們來做，所以對你們沒有絲毫損害。如果覺得由我們取得主導權沒意思，也可以變成你們的提案。」

要像這樣強調對對方有何好處。**將利他性高舉在前頭，以便獲得對方同意。**不必做人情，或是討價還價。

透過與關鍵人物私下溝通，將可避免在董事會或部長會議這類跨部門的決策場合，發生部門間毫無意義的對立。相信可以在沒有反對意見的情況下順利做決策。

說到疏通，會給人一種清濁相混、善於權謀之士在背地裡策畫的印象，但這是你時代劇看太多。真正的疏通富有利他性。實在很想讓它通過的案子，像這樣乾乾淨淨地事前疏通就會發揮其力量。

9 組織做決策需要什麼⑧閒聊

人要理解眼前這人是個怎樣的人，最快的方法就是閒聊。**閒聊時，對方處於一種不設防的狀態，會無意間透露出平時決不會讓人看見的本性和真心話。**

「我原以為他很不好相處，沒想到是個處世靈活、通情達理的人」會讓人有這種發現的就是閒聊。在商業談判和交易場合畢竟是以對外的臉孔面對，無法窺見其本色。即使如此，當禮貌性的談話結束，談到一個段落時，有時會聊起這樣的話題：

「對了，貴公司附近有很多美食店耶。」

「就是啊，開發新店家是一大樂趣。」

「你常去的是哪一家？」

「離公司稍微遠一點的中華料理店。」

這樣的會話繼續下去，就會看出對方的興趣嗜好，開始產生親近感。有時，與對方的距離會從此一下子拉近，進而談成生意。

即使在組織做決策上，閒聊也很有效。當會議上沒人提出新商品的構想，或是在決定是否要繼續經營一項有前景但持續虧損的事業時，有時會陷入膠著狀態。如果再加上前一小節提到的部門間對立更是麻煩，因為很可能會亂成一團。

這種時候再怎麼討論都不會有結論。**出席者的注意力也漸漸渙散，這時就是開啟閒聊的時機。**

「對了，前不久我和客戶A先生去打高爾夫。」

試著扔出與議題不相干的話題。內容不拘，離議題愈遠愈好。

「你說的A先生高爾夫打得很好，聽說是請他太太指導的。好像是他太太以前曾經想當職業高爾夫球手。」

「真好！」……。

聊這種與正題無關的事聊得興高采烈，這樣很好。可以的話，就花個五分鐘，喝喝咖啡，繼續聊一些微不足道的話題。

微不足道的話題才好

閒聊時間就相當於「發呆」的狀態，DMN會運轉。全體出席者一起談天說地，在DMN的作用下，有時會牽引出當中某個人潛意識深處的Big Idea。

休息結束，當他說出那個想法，一定會得到眾人的贊同。懸而未決的事項一下子得到解決。

在膠著狀態持續，逐漸演變成馬拉松式討論之時，安插一段閒聊時間。閒聊本身不是目的，而是要讓腦袋放空。

閒聊充其量只是決策的手段。聊些無聊的瑣事就夠了。**始終討論不出結果時，若能積極插入閒聊，現場氣氛立刻會有一百八十度的轉變。**

在決策場合，閒聊是非常有效的手段。另外，關於它的效用和運用法，如蒙參考拙作《最強的閒聊力》（德間書店），那將是我的榮幸。

10 領導者和第一線追求的目標不同

前面介紹了群體決策必備的八件事。六件是領導者應當做的，第一線要做的有兩件。

即使在決策上，領導者和第一線因訊息量和行動量不同也有微妙的差異。第一線的訊息多且不斷有行動，必須當場做選擇才能夠運作。領導者稍晚才會收到訊息，因此很難迅速做選擇，但可以靠經驗、能力以及宏觀思考來補強。

領導者和第一線的選擇如果不同，組織會分崩離析，愈來愈難以經營。除了就組織而言，從個人的角度來看同樣會停止成長。

為免發生這種情況，第一線能做的就是迅速做選擇，領導者要隨後給予支援，或是感到「方向偏了」便迫使軌道得到修正。這樣的分工如果運作順利，組織整體的決策就會很順暢。

之所以建議進行角色分工，是因為領導者和第一線追求的目標不同。兩者的工作明顯不一樣，若非如此，組織不會成長。

徹底分工

第一線為了做出成果會追求確定性高（＝做得到）的事。透過一樣一樣累積確定性來學會應付不確定性。

領導者不能滿足於確定性的事，要積極追求高度不確定性（＝看來不太可能做到）的事。在如此自我要求的同時，為求實現，還要促使第一線去思考並且追求他們確實做得到的事。賦予第一線人員動機也是領導者的職責。

我之所以說「被授權的第一線人員要負的是說明和執行的責任，上層的人要負的是結果的責任」，正是在回應這樣的角色分工。具有確定性的事屬於第一線的責任範圍。另一方面，**領導者還必須為不知道會不會有的結果負責。**一旦角色分工清楚，責任歸屬就會明確。

如果確實做好這種決策的角色分工，就能培養出會做選擇的人，並使組織改變，變得會做選擇。領導者和第一線人員都會做選擇——。這就是真正強大的組織。

增強選擇力的線索

- 要不要點你沒吃過的餐點？
- 今天要做什麼新鮮事呢？
- 由自己負責、可當場批准的是什麼事？
- 你會毫無準備地突然開始做什麼事？
- 假設要在SNS上發文，會是怎樣的內容、寫給什麼人？
- 你會舉辦什麼樣的活動讓所有參加者都開心？
- 假設要為喜歡的電影或影集想個不一樣的結局，你會怎麼做？
- 自己的團隊應當追求的目標是什麼？
- 你會為正在做的事設定最後期限嗎？
- 如何進行討論可以說服所有人？
- 自己的團隊能夠為整個組織做出什麼貢獻？
- 你會和價值觀不同的人進行怎樣的交流？
- 自己團隊應盡的義務是什麼？
- 你會向關鍵人物揭示什麼好處？
- 你會準備什麼話題在時間多出時使用？

本章小結

- 群體決策需徹底做到以下八件事
  - ① 提出明確的方向，為第一線人員揭示希望。
  - ② 定出做決定的最後期限，趁還有得選擇時做決定。
  - ③ 透過全體同意取得共識，以獲得保證。
  - ④ 重視利他性可以讓全體受益。
  - ⑤ 招攬多樣化的人才以使組織活化。
  - ⑥ 藉由權力下放，讓第一線將能履行其責任。
  - ⑦ 找關鍵人物進行乾淨清白的疏通。
  - ⑧ 把閒聊當作決策的手段。

- 第一線為了做出成果要追求高度確定性（＝做得到）的事。

- 領導者為了獲得成果要追求高度不確定性（＝看來不太可能做到）的事。

結語

要做或不做什麼；選擇哪一個；什麼事要怎麼做……。未來會是什麼樣子，取決於這每一個選擇。

選擇的標準是「利他性／不確定性」。有了這個主軸就不會再迷惘。

不過，**未來充滿不確定性。**既無法預料會發生什麼事，且包藏著事與願違的可能性。反之，超出自己所求的事也可能接踵而來。

因應這樣的不確定性，從現在開始就要一樣一樣地累積確定性。至於要累積到什麼程度才行，沒人知道。

「一直做這種事真的沒問題嗎？」

想必有時自己也會半信半疑起來。即便如此，近乎執拗地繼續下去，也許有一天會突然開啟一扇窗。屆時你會意識到：「這可能就是機會之窗」，於是試著飛撲過去——。風險確實很大。

機會之窗上頭不會明白寫著「機會」兩字。許多人因為不知道那是什麼便忽略掉它。運氣差的話，它也可能是扇危機之窗。

會撲向這扇不知為何物之窗的，是會做選擇的人。

「不入虎穴焉得虎子」，不試著投入不會知道前方等著你的究竟是機會還是危機。假使是危機，確實令人寒毛直豎，但在增加經驗值這層意義上，這樣的失敗也會讓自己受益。

不因為失敗就畫下句點，而是將經驗運用到下一個選擇。透過這種方式提高準確度，你將會培養出選擇的能力。

選擇準確度已提升的人，在面對出奇不意敞開的窗戶時，能夠分辨它是「機會之窗」還是「危機之窗」。那是自己在選擇中不斷摸索嘗試，提高準確度所致。

唯有自己不斷嘗試錯誤，在過程中做出一個又一個決定的人，才能夠提高選擇的準確度。一旦提高準確度，你將十分有機會看清開啟的窗戶會通往何方。

攀登一座名為不確定性的山

本書談了許多練就選擇力所需要的，以及選擇的過程。相信你已了解「怎麼樣能做出好的選擇」。

剩下的就只是**在工作和生活中實踐它**。一邊嘗試錯誤一邊練就選擇力的你，腳踏實地做著一樣一樣自己有把握的事，有朝一日一定能登上名為不確定性的高山峰頂，實現之前的想望。

最後，本書的誕生是德間書店的武井章乃先生和企畫岩崎英彥先生合力協助下的產物。我與兩人是在東京目黑區的名店「Tonki」，一邊吃著美味的炸豬排，一邊反覆推敲本書的構想。如果本書能對讀者有所幫助，那也許是因為炸豬排的威力。

承蒙各位讀者讀到最後，非常感謝。您的選擇——閱讀本書——很正確，希望對您今後的人生有很大的幫助。

茂木健一郎

國家圖書館出版品預行編目 (CIP) 資料

最高選擇法：腦科學專家親授，教你如何直擊問題本質、突破思考盲點、一秒找出最佳解！ / 茂木健一郎作；鍾嘉惠譯. -- 初版. – 臺北市：臺灣東販股份有限公司, 2022.06
218 面；14.7×21 公分
ISBN 978-626-329-255-0 (平裝)

1.CST: 行為心理學 2.CST: 決策管理

176.8　　111006531

最高選擇法

腦科學專家親授，教你如何直擊問題本質、突破思考盲點、一秒找出最佳解！

2022 年 6 月 1 日初版第一刷發行

作　　者　茂木健一郎
譯　　者　鍾嘉惠
編　　輯　魏紫庭
美術編輯　黃郁琇
發 行 人　南部裕
發 行 所　台灣東販股份有限公司
　　　　　＜地址＞台北市南京東路4段130號2F-1
　　　　　＜電話＞(02)2577-8878
　　　　　＜傳真＞(02)2577-8896
　　　　　＜網址＞www.tohan.com.tw
郵撥帳號　1405049-4
法律顧問　蕭雄淋律師
總 經 銷　聯合發行股份有限公司
　　　　　＜電話＞(02)2917-8022

TOHAN